KB267515

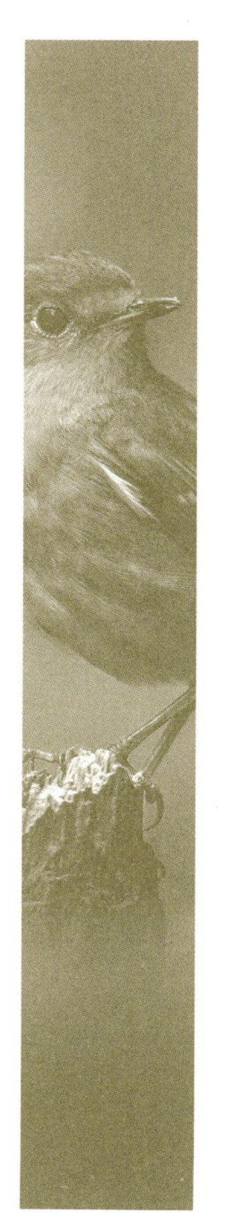

A SHORT PHILOSOPHY OF BIRDS
PETITE PHILOSOPHIE DES OISEAUX

새들이 전하는 짧은 철학

필리프 J. 뒤부아,
엘리즈 루소 지음

박효은 옮김

삶의 무게를
덜어내는 방법

가볍고 자유롭게,
훌훌 날아가는 새들처럼

검은 티티새가 담장 위에 앉아 있다. 부리는
노랗고 눈은 반짝인다. 그 존재 자체로 빛나고,
스스로도 자기 존재에 만족하는 듯하다. 새는
잔디밭으로 내려와 총총거리며 지렁이를 찾는다.
이 작은 새는 언제나 자신의 삶을 산다. 우리도
저 티티새처럼 자기 자신과 삶을 있는 그대로
받아들이고 만족해한다면, 하루하루가 좀 더
가벼울 수 있을까?

　동화와 신화에서 새는 인간에게 교훈을
주고, 길을 안내하며, 때로는 중요한 메시지를
전한다. 벨기에 작가 모리스 마테를링크Maurice
Maeterlinck의 동화《파랑새》에 등장하는 파랑새는
행복이 멀리 있지 않음을 일깨운다. 중세
페르시아 우화시 〈새들의 회의〉에서 자신들을
이끌 왕을 찾아 나서는 서른 마리 새는 다양한
인간 군상을 상징적으로 보여준다. 스웨덴 작가
셀마 라게를뢰프Selma Lagerlöf의《닐스의 신기한
여행》에서 거위는 손바닥만큼 작아진 닐스를
수많은 모험으로 이끌고, 이 여정에서 소년은
조금씩 성장한다.

　그리스 신화에서 황금빛 눈에 작고 둥근 몸을
가진 올빼미는 지혜의 여신 아테나를 상징하고,
기품이 넘치는 황새는 가정에 새 생명을
가져다준다고 여겨진다. 올리브 나뭇가지를 입에
문 하얀 비둘기는 성경에서 평화를 뜻하고, 날쌘
제비는 유럽에서 겨울의 끝과 봄의 시작을 알리는

전령사로 통한다.

오늘날 새는 어떤 이야기를 들려줄 수 있을까? 이 작은 존재들은 여전히 우리의 스승이 될 수 있다. 인간이 지구상에서 가장 우월한 생명체라는 자만심을 내려놓고 그들의 삶을 들여다보기만 한다면 말이다. 오래전부터 전해 내려오는 문학과 신화 그리고 다양한 과학적·사회학적·행동학적 연구를 살펴보면, 새들은 인간의 거울임을 알 수 있다. 그러니 새들이 들려주는 이야기에 잠시 귀를 기울여보자. 새들의 공동체 생활, 사랑을 표현하는 방식, 새끼를 돌보는 법, 심지어 목욕하는 습관에서도 많은 것을 배울 수 있다.

새들은 어떻게 사랑을 할까? 평생 단 하나의 짝에게만 충실할까 아니면 여러 짝과 자유롭게 관계를 맺을까? 성격은 온순할까, 사나울까? 왜 어떤 새들은 계절마다 터전을 옮기고, 어떤 새들은 한곳에 머무를까? 왜 어떤 새들은 새끼를 오래도록 품고, 어떤 새들은 가능한 한 빨리

독립시킬까? 왜 수컷 멧비둘기는 양육에 힘쓰고,
수컷 목도리도요는 자기 과시에만 몰두할까?
새들은 어떻게 비와 바람을 맞고 어둠을 견디며
하루하루를 살아갈까? 새들은 죽음이 가까워지면
정말로 눈에 띄지 않는 곳에 몸을 숨길까?

우리는 이 모든 질문을 품고 최근의 연구 결과를
살폈고, 전 세계 강가와 열대우림, 바람 부는
사막의 모래언덕에서 오랜 시간 새들을 관찰했다.
이 책에 담긴 짧은 성찰은 이렇게 얻은 것이다.
새들은 드러나지 않는 인생의 스승이다. 우리가
마음을 열기만 한다면 그들의 자연스럽고 가벼운
삶에서 많은 지혜를 얻을 수 있을 것이다.

차 례

연약해지는 시간을
두려워하지 않는 용기

오리의 털갈이

깃털갈이 시기에 새들은
육체적으로 한층 취약해진다.

오리의 털갈이

●

　새들은 살아가면서 우리처럼 크고 작은 상실을
경험한다. 털갈이도 그중 하나다. 하지만 묵은
깃털을 벗는 일은 빛나는 새 깃털을 얻고 스스로
거듭나는 과정이기도 하다. 새들은 이런 힘든
시기를 매년 견뎌낸다.

　인간은 머리카락이나 체모가 조금씩 빠지기는
하지만, 새들처럼 정기적으로 털갈이를 하지는
않는다. 그래도 털갈이를 해야 할 때가 있다.
실연이나 실직, 가까운 이의 죽음 같은 일들을
겪은 뒤 어떤 식으로든 변화하고 새롭게 시작해야
한다. (다만 이런 일들이 그리 자주 있지는 않다.)

　우리 안의 무언가를 거듭나게 하려면 새들이
털갈이하듯 먼저 그것을 소멸시켜야 한다. 새들은

건강하고 윤기 나는 새 깃털을 얻기 위해 묵은 깃털을 미련 없이 벗는다. 하지만 털갈이는 단순히 외양의 변화가 아니다. 생존과 직결된 문제다. 완벽한 깃털을 갖지 못하면 제대로 날 수 없기 때문이다. 인간도 다르지 않다. 과거에 얽매여 벗어나지 못하면, 더 이상 앞으로 나아갈 수 없다.

　새들은 털갈이 시기에 육체적으로 한층 취약해진다. 어떤 새들은 일시적으로나마 날지 못하게 된다. 오리가 그러하다. 이때 새들이 '털갈이 이클립스' 상태에 있다고 표현하는데, 날아오름을 멈추고 깃털이 다시 자라기를 고요히 기다리는 순간을 묘사하는 멋진 은유다. 새들은 자신의 연약함을 알기에 눈에 띄지 않게 가만히 인내하고 기다린다. 새 깃털이 돋아나 힘과 아름다움을 되찾을 그날을 말이다.

　우리도 때로는 그런 시간을 가져야 한다. 그런데 성과를 내야 한다며 쉼 없이 다그치는 세상에서 스스로도 '이클립스' 상태를 허락하지 않는다.

살면서 나약해질 수밖에 없는 순간은 누구에게나
찾아온다. 이때 잠시 멈춰 서서 다시 힘을 얻고
거듭날 여유를 갖기가 쉽지 않다. 가까운 이의
죽음으로 슬픔에 잠긴 이에게 사람들은 흔히
"그래도 산 사람은 살아야지"라고 말한다. 실연을
당한 이에게는 "앞으로 더 좋은 사람을 만나게 될
거야"라며 위로하고, 반려동물을 잃은 이에게는
"어차피 동물일 뿐인데"라는 말을 무심히
내뱉는다. 우리에게는 주저앉아 마음껏 슬퍼할
권리조차 없다는 듯 말이다.

하지만 틀렸다. 사랑하는 이를 잃은 뒤의 삶은
더 이상 예전과 같을 수 없고, 떠나간 사랑은
돌아오지 않는다. 물론 살다 보면 또 다른 행복이
찾아오고 새로운 인연을 만날 수 있다. 그렇다고
해서 누군가를 잃은 슬픔을 애써 외면해야 할까?
우리는 언제부터인가 마음껏 슬퍼하고 회복할
시간, 살아가는 데 반드시 필요한 '털갈이의
시간'을 충분히 갖지 못하고 있다. 우리가 제대로

날지 못하는 것은 어쩌면 당연한 일인지도 모른다. 온전히 털갈이를 하지 않는 데다, 때로는 스스로 날개를 접어버리기도 하니까.

우리도 크고 작은 시련을 마주할 때마다 '이클립스'의 시기를 가져보는 건 어떨까. 그렇게 할 수만 있다면 더욱 튼튼하고 아름다워진 날개로 새처럼 가벼이 날아오를 수 있을 것이다.

함께 살아낼 때
더 단단해지는 관계

멧비둘기 부부의 완벽한 팀워크

새들의 세계에서 알을 품고 새끼를 기르는
가장 보편적인 방식은
암컷과 수컷이 서로 협력하는 것이다.

멧비둘기 부부의 완벽한 팀워크

사람들은 제멋대로 암컷 새에 대해 이상적인 이미지를 만들어냈다. 하지만 이는 현실과 거리가 있다. 우리가 흔히 떠올리는 암컷 새의 이미지는 어떠한가? 수컷이 지은 둥지에서 알을 품으며 묵묵히 자신을 희생한다. 반면 수컷은 나무 꼭대기에서 한가롭게 노래하거나 깃털을 부풀리며 화려함을 뽐낸다. 새끼를 키울 때도 마찬가지다. 칙칙한 깃털을 가진 암컷은 쉬지 않고 먹이를 물어 나르며 새끼를 정성껏 돌본다. 그러나 수컷은 이미 또 다른 모험을 찾아 떠나고 없다.

물론 이런 상투적인 이미지가 들어맞는 경우도 있다. 수컷 오리는 특히 봄철에 눈부시게 화려하고 알록달록한 깃털을 자랑한다. 반면 암컷은 갈색,

검은색, 흰색 등 수수한 깃털을 가져 눈에 잘 띄지
않는다. 그래서 땅이나 나뭇가지, 갈대숲, 풀숲
등에 숨어 둥지를 짓고 포식자의 눈을 피해 알을
품을 수 있다. 암컷 오리는 자기 배의 솜털을 뽑아
둥지를 더욱 포근하게 만들기도 한다. 암컷은 꼬박
3주 동안 몸을 숨긴 채 한자리에서 알을 품는다.
잠시 다리를 펴거나 먹이를 구하러 나갈 때가
아니라면 절대 자리를 뜨지 않는다.

한편 무리에서 지내던 수컷 오리는 봄이 끝나갈
무렵 털갈이를 시작한다. 이 시기에 수컷은 깃털이
암컷과 비슷한 색으로 변하고, 날지도 못하게 되어
포식자의 표적이 되기 쉽다. 그래서 대개 외딴
곳에 숨어 지낸다. 하지만 새끼들은 걱정할 필요가
없다. 수수한 깃털을 가진 암컷이 '독박 육아'를
하기 때문이다. 암컷은 새끼가 알에서 깨어나면
물가로 데려가고, 새끼들이 스스로 날 수 있을
때까지 한시도 곁을 떠나지 않는다. 아주 사소한
위험이라도 감지되면 몸을 던져 새끼들을 지키고,

열 마리 남짓한 새끼들의 입에 먹이를 물어다
준다. 그러나 아무리 애를 써도 포식자의 끊임없는
위협에서 살아남는 새끼는 두세 마리에 불과하고,
때로는 한 마리도 살아남지 못할 때도 있다.

온갖 어려움을 헤치고 새끼들을 독립시키고
나면 어미 새도 서둘러 털갈이를 해야 한다. 곧
대이동이 시작되기 때문이다. 산란부터 부화,
새끼 양육 그리고 털갈이까지 이 모든 과정을 단
몇 주 만에 치러내며 체력을 크게 소모한 암컷은
수컷보다 생존율이 낮을 수밖에 없다. 일부 오리
종에서 암컷보다 수컷의 개체 수가 더 많은 이유가
여기에 있다.

이렇듯 오리의 경우 암컷이 거의 혼자서
헌신적으로 새끼를 돌본다면, 잘 알려지진
않았지만(그리고 자연계에서는 드문 일이지만)
암컷이 지시하고 수컷이 이를 실행하는 새도
있다. 도요목에 속하는 섭금류 새들(도요,
메추리도요, 물떼새, 깝작도요 등)이 그렇다. 이

새들은 겨울철 이동 중에 진흙이나 모래, 바위로 이루어진 해안가에서 흔히 볼 수 있다. 이들 중 지느러미발도요와 흰눈썹물떼새는 수컷이 온갖 일을 도맡아 한다. 지느러미발도요는 북극 툰드라에서 둥지를 틀고 짝짓기를 한 뒤, 바다로 나가 남은 생을 보낸다. 육지 새인데도 이런 습성을 가진 점이 참 놀랍다. 흰눈썹물떼새(물떼새와 가까운 친척뻘)는 북극 지방에 서식하는 아름다운 새로, 겨울이면 북아프리카와 중동으로 이동한다. 이 새는 사람을 두려워하지 않는 것으로 유명한데, 광활한 툰드라에서는 굳이 인간을 경계할 이유가 없기 때문이다.

섭금류 새들은 대체로 암컷이 우리가 생각하는 수컷의 역할을 한다. 암컷이 화려한 혼인색 깃털(번식기에 나타나는 선명하고 화려한 색의 깃털—역주)을 가졌고, 수컷의 깃털은 수수하다. 구애도 암컷이 한다. 한 마리 또는 여러 마리 수컷을

선택해, 수컷 앞에서 구애 춤을 추거나 다른
암컷과 치열한 경쟁을 벌인다. 짝짓기를 마치면
수컷이 둥지를 짓는 것을 잠깐 거들고는 알을 낳고
곧장 떠나버린다. 3주 가까이 알을 품고 새끼들을
돌보는 건 수컷의 몫이다. 때때로 암컷은 돌아와
주변을 맴돌다 위험이 닥쳤을 때 새끼를 지키고자
경보를 울리기도 하지만, 수컷은 이런 간섭이
달갑지 않아 대개 암컷을 쫓아낸다. 새끼들은
알에서 나오자마자 직접 먹이 활동을 할 수 있는
조숙성을 지녔는데, 이들을 이끌고 먹이 찾는 법을
알려주는 것 역시 수컷의 일이다. 하지만 수컷은
여느 종의 암컷만큼 끈기 있게 새끼를 보살피지는
않는다. 대개 새끼들이 홀로 날 수 있을 만큼
성장하기도 전에 떠나버린다.

　암컷과 수컷이 각자 자신의 둥지를 책임지는
독특한 습성을 지닌 새들도 있다. 북극 지방에
사는 작은 섭금류 중 일부가 그렇다. 예컨대
깝작도요의 '부부 생활'은 고작 몇 주밖에 되지

않는다. 암컷은 한 마리(또는 여러 마리) 수컷과
짝짓기를 한 뒤, 첫 번째 둥지에 알을 하나 낳고
두 번째 둥지에 또 다른 알을 낳는다. 그러고는
수컷과 둥지를 하나씩 맡아 알을 품고 새끼를
키운다. 깝작도요는 왜 이런 '한 부모 가정'을
선택했을까? 이유는 단순하다. 이들이 사는
북극 고위도 지역에서는 먹이를 구하고 새끼를
키우기에 적합한 기후가 지속되는 기간이 매우
짧기 때문이다. 두 번에 걸쳐 알을 낳고 암수가
각각 돌보는 방식은 짧은 시간 안에 번식 성공률을
높이기 위한 생존 전략인 셈이다.

　하지만 이런 경우는 극히 드물다. 새들의
세계에서 알을 품고 새끼를 기르는 가장 보편적인
방식은 암컷과 수컷이 서로 협력하는 것이다.
이러한 부부의 팀워크가 새끼의 생존율을 크게
높인다. 혼자보다는 둘일 때, 어려움을 더 잘 헤쳐
나갈 수 있다. 그래서 멧비둘기는 의도적으로
일부일처제를 지키며 평등한 부부관계를

만들어간다.

멧비둘기 부부는 가사와 육아를 완벽할 정도로 평등하게 분담한다. 둥지를 만들 때 수컷이 나뭇가지를 모아오면, 암컷은 그것을 엮어 소박한 둥지를 짓는다. 알을 품을 때도 마찬가지다. 암컷과 수컷은 밤낮으로 교대하며 두 개의 알을 품는다. 알이 부화한 뒤에도 새끼가 스스로 날 때까지 약 2주 동안 함께 돌본다. 서로의 역할을 정확히 분담하는 멧비둘기 부부는 완벽한 팀워크를 보여준다. 그런데 이들이 이렇게 긴밀히 협력하는 데는 분명한 이유가 있다. 새끼는 포식자의 표적이 되기 쉽고, 둥지는 약해서 궂은 날씨를 버텨내지 못한다. 새끼가 혼자 날 수 있을 때까지 지켜주지 못하면 번식은 실패로 끝나고 만다. 그러니 멧비둘기 부부의 협력은 불안정한 환경에서 살아남는 데 가장 효과적인 방식이라 할 수 있다. 첫 번째 번식에서 새끼들이 무사히 자라 홀로 날아오르면, 부부는 며칠 뒤 곧바로

다음 둥지를 짓는다. 조건만 좋다면 초봄부터
초가을까지 여러 차례 번식이 가능하다.

새들의 세계에서 암컷과 수컷은 매우 다양한
방식으로 역할을 분담한다. 그런데도 남성 중심적
시각에서 암컷의 일방적인 희생만 부각돼왔다.
이는 남성 우월주의를 정당화하려는 얄팍한
시도였다. 실제로 오래전 문헌들을 보면, 자연주의
작가들(남성 작가들이었다는 점을 분명히 해둔다)이
자신을 희생하며 새끼를 지키는 어미 새를
이상적으로 묘사했다. 물론 당시게는 암컷이
수컷의 역할을 하는 새도 있다는 사실이 널리
알려지지 않았을 수 있다. 하지만 이런 사실이
알려진 뒤에도 사람들의 고정관념은 좀처럼
깨지지 않았다.

그러니 이제부터라도 기억해두자. 새들은
대부분 부부 간 평등한 역할 분담과 협력을 생존의
지혜로 삼아왔다는 사실을. 그것도 인간보다 훨씬
오래전부터 말이다.

자연의 아름다움을 만끽하는
작은 습관들

닭의 햇살 목욕과 철새의 지저귐

닭의 햇살 목욕과 철새의 지저귐

새들은 습관의 동물이다. 때이 맞춰 먹이를
먹고 물을 마시며 낮잠을 자는 것은 물론, 정해진
시기에 구애를 하고 번식하며 새끼를 기른다.
철새들은 계절에 따라 먼 길을 날아간다. 이처럼
새들은 규칙적인 리듬에 따라 하루하루를
살아간다. 이는 억지로 지키는 의식이 아니라,
자연의 리듬에 몸을 맡긴 삶의 방식이다. 해가
뜨고 지는 시간은 날마다 조금씩 달라지고, 달의
모양에 따라 밤은 때로 더 환하고 때로 더 어둡다.
비가 내리고, 바람이 불고, 안개가 끼고, 폭풍이
지나가며 날씨와 계절도 끊임없이 변한다. 그래서
매일 새롭게 펼쳐지는 자연의 조건에 적응하며
살아가는 새들에게 '지루한 일상'이란 있을 수

없다.

비와 바람을 반기지 않는 새들은 날이 궂으면
하늘을 나는 대신, 세상과 거리를 두려는 듯 나무
깊숙한 곳이나 무성한 잎사귀 아래에 몸을 숨긴다.
닭을 키워본 사람이라면 잘 알 것이다. 비가
오거나 눈이 내리면 닭들은 좀처럼 닭장 밖으로
나오지 않는다. 며칠이고 횃대에 앉아 침울한
눈빛으로 날이 개기를 기다릴 뿐이다. 그러다
잠시라도 해가 나면 기다렸다는 듯 밖으로 나와
땅을 파헤치고 이리저리 뛰어다니며 온몸으로
햇살을 만끽한다.

일터(혹은 학교)와 집만을 오가며 쳇바퀴 돌듯
살아가는 우리네 삶이 때로 지루하게 느껴지는
것은, 사무실 안에 꼼짝없이 갇혀 컴퓨터 모니터만
들여다보느라 변화하는 계절을 보지 못해서다.
그러고 있는 사이에도 시간은 계속 흘러간다.
우리는 하루 중 대부분을 실내에 틀어박혀
매일, 매 순간이 주는 소소한 놀라움을 놓치고

만다. 컴퓨터 모니터만 뚫어지게 쳐다보다 눈이
아파오면 그제야 아침 소나기의 흔적이 남아
있는 창밖을 흘긋 쳐다본다. 거센 바람도, 피부에
닿는 따스한 햇살의 감촉도 느껴본 지 오래다.
멀리 사는 친구가 전화를 걸어와 "거기 날씨는
어때?"라고 물으면 머쓱해져 이렇게 대답한다.
"아… 잠깐만, 창문 좀 열어볼게…. 음, 조금
흐리네." 봄을 제대로 느껴보지도 못했는데
어느새 가을이 와 있다. 모든 게 눈 깜짝할 새
지나가버린다. 풀이 자라고 꽃이 피어나는 모습도,
포도가 햇살을 머금고 달콤하게 익어가는 순간도
우리는 무심히 지나친다. 제비들은 때가 되면
무리를 지어 긴 여행을 떠나고 겨우내 자취를
감춘다. 그런데 하늘을 올려다보며 제비들이
떠나는 모습을 본 적이 있는가? 어느 날 문득
제비들이 지저귀는 소리가 들리지 않는다는
걸 알아차린 적은 있는가? 아마 없을 것이다.
그렇다면 이듬해 봄에 제비들이 다시 돌아올 때는

어떨까? 그때도 우리는 여전히 눈치채지 못할
것이다.

하지만 야외에서 일하거나 주로 밖에서
생활하는 사람들은 제비가 언제 떠나고 언제
돌아오는지를 안다. 덤불 속을 헤집고 다니는
휘파람새나 굴뚝새처럼 자연의 작고 미묘한
변화를 포착하며 시간의 흐름을 온몸으로
체감하기 때문이다. 그래서 그들은 지루할 틈이
없다.

비를 기다리며 구름을 살피는 농부, 숲을
지키는 삼림 감시원, 바다를 항해하는 선원,
고산 등반 가이드 같은 이들은 자연의 변화를
예측하며 계획을 바꾸기도 하고, 때로는 그저
순응하며 투덜대기도 한다. 자연은 인간에게
결코 호락호락하지 않다. 집 밖으로 나서는 순간
삶은 한층 더 예측하기 어려워진다. 이처럼
변화무쌍한 하루하루를 살아갈 때는 작은 습관
하나가 큰 힘이 될 수 있다. 오전 11시쯤 마시는

커피 한 잔과 일요일 저녁에 보는 영화 한 편이 위안이 되는 것처럼 말이다. 나쁜 습관은 삶을 단조롭고 무기력하게 만들지만, 좋은 습관은 삶을 정돈해주고 흘러가는 시간을 온전히 느낄 수 있게 한다. 해마다 같은 곳에 둥지를 트는 새에게도, 아름다운 추억이 깃든 장소를 다시 찾는 인간에게도 좋은 습관은 필요하다. 풍요롭지만 예측할 수 없는 삶에서 습관은 닻이자 등대이자 길잡이가 되어준다. 험난한 모험을 떠나는 이들도 여행을 떠나기 전에 자신만의 소소한 의식을 치른다. 습관을 만든다고 해서 꼭 틀에 박힌 삶을 사는 건 아니다.

　새들은 우리에게 일깨워준다. 자연과 조화를 이루며 살아갈 때, 삶은 더욱 풍성해지고 하루하루는 소소한 기쁨으로 가득 차게 될 거라고. 그러니 이제라도 일상을 살아가며 자연을 가까이하는 습관을 가져보면 어떨까? 눈, 코, 귀, 모든 감각을 활짝 열고 자연을 깊이 느껴보자.

하늘을 나는 새를 바라보고 제비들이 지저귀는
소리에 귀를 기울이고, 티티새의 맑은 노랫소리를
가만히 들어보자. 황갈색 올빼미가 신비로운
울음소리로 적막을 깨뜨리는 한밤중에 일어나
지평선 위로 휘영청 떠오른 둥근 달을 고요히
바라보자. 이런 시적인 순간들이 우리 삶을 채울
때, 일상의 권태는 들어설 틈이 없을 테다.

길을 잃었을 때
스스로 방향을 찾는 힘

"

철새들에게 필요한 것은 오직
날아가겠다는 의지,
날개 아래 펼쳐진 바다와 산, 하늘의 별과 태양뿐이다.

큰뒷부리도요의 장거리 비행과 모험가 뻐꾸기의 여행

2016년 6월, 몽골 고비사막 한복판. 지구상에서
가장 외지고 척박한 땅 가운데 한 곳. 거기 다섯
명의 프랑스인과 여섯 명의 몽골인으로 이루어진
원정대가 있다. GPS도, 휴대전화도 사용할
수 없다. 전파가 닿지 않기 때문이다. 지도도
아무런 쓸모가 없다. 도로가 없는데 지도가
무슨 소용이겠는가. 우리의 길잡이는 사람, 오직
사람뿐이었다.

몽골인들은 산의 형태와 자연의 미묘한 변화를
섬세하게 읽어내며 방향을 가늠했다. 구불구불
이어지는 야트막한 언덕, 산등성이를 따라
굽이치는 능선, 자갈로 뒤덮인 광활한 평원,
협곡으로 흘러드는 수많은 작은 와디(평소에는

물이 흐르지 않다가 비가 올 때만 흐르는 하천―역주).
이것들만이 수만 제곱킬로미터에 걸쳐 펼쳐져
있었다. 사방이 전부 똑같아서 서양인의 눈으로는
어디가 어딘지 종잡을 수 없었다. 길을 알려줄
만한 어떤 표식도 찾을 수 없었다. 프랑스인들만
있었더라면, 우리는 진작 길을 잃고 말았을
것이다.

하루는 이런 일도 있었다. 저녁 즈음 서로 다른
방향으로 뻗은 길들이 수없이 얽혀 있는 곳에
멈춰 섰는데, 몽골인 원정 대장이 조금의 망설임도
없이 운전사에게 가야 할 길을 알려주었다. "여기
마지막으로 언제 왔었나요?" 사막 한가운데서
쉽게 방향을 찾는 그의 모습에 놀라 묻지 않을 수
없었다. "한 이십 년은 됐을 거예요." 그의 대답에
트럭 안에 있던 모두가 감탄사를 내뱉었다.

우리는 단 한 번도 길을 잃지 않았다. 주변
산들과 다를 바 없어 보이는 두 산 사이, 길이라
부르기도 애매한 어떤 흔적을 따라가자 놀랍게도

그날 밤 머물기로 한 호숫가가 나왔다. 지구상에 얼마 남지 않은 유목민족인 몽골인은 철새의 본능적인 방향감각을 여전히 간직하고 있었다. 그런데 우리는 대체 그 감각을 언제 잃어버린 것일까?

몽골인과 마찬가지로 새들에게는 나침반도, GPS도, 지도도 없다. 길을 찾는 데 필요한 모든 건 이미 그들 안에 있다.

큰뒷부리도요를 살펴보자. 이 작은 섭금류는 마도요와 가까운 친척으로, 해안 습지와 강 하구에서 살다가 봄이 되면 북극 지방으로 날아가 번식한다. 한 연구팀이 큰뒷부리도요에 위치 추적기를 부착해, 이 새가 뉴질랜드에서 알래스카까지 무려 1만 1천 킬로미터 이상을 쉬지 않고 날아간다는 사실을 밝혀냈다. 시속 72킬로미터로 꼬박 일주일을 비행해야 도달할 수 있는 거리다. 250그램에 불과한 작은 새가 이 엄청난 여정을 해내는 것이다. 더욱 놀라운

점은, 쉼 없이 비행하는 동안 뇌가 절반만 잠에 든다는 사실이다. 뇌의 반쪽이 잠든 채 스마트폰을 작동하거나 운전을 한다? 도저히 상상이 되지 않는다.

뻐꾸기는 타고난 여행가다. 이 새는 다른 새의 둥지에 알을 낳고 그 새가 자신의 새끼를 대신 키우게 하는 독특한 번식 습성을 가지고 있다. 그래서 새끼 뻐꾸기는 부모의 돌봄을 받지 못한다. 그런데도 7월의 어느 저녁, 단 한 번도 경험해본 적 없는 밤하늘을 홀로 날아 아프리카를 향한 긴 여정을 시작한다. 뻐꾸기는 한 번도 가본 적 없는 아프리카의 깊은 숲에 도착해 여섯 달을 머문 뒤, 자신이 부화한 곳으로 돌아온다. 어떻게 이럴 수 있을까? 새들에게는 있고 우리에게는 없는, 혹은 우리가 잃어버린 그 정교하게 발달한 감각은 대체 무엇일까?

몽골인이나 철새와 달리 우리는 방향감각을 완전히 잃어버렸다. 그래서 이제는 풍경도,

별자리도, 자연도 읽어내지 못한다. 그런 것들은 더 이상 길잡이가 아니다. 그저 주위를 둘러싼 적막한 배경일 뿐이다. 우리는 GPS에서 흘러나오는 기계 음성에 의지해 걷고 운전한다. 길을 찾는 가장 본능적인 능력을 다른 이에게, 아니 더 어이없게도 기계에 맡겨버린 셈이다. 만약 우리가 집에서 불과 50킬로미터 떨어진 곳에 홀로 남겨져 누구에게도 길을 물을 수 없고 지도조차 볼 수 없다면 어떻게 될까? 길을 찾기까지 얼마나 오랜 시간을 헤매게 될까? 우리는 여행에 가장 필요한 능력, 즉 스스로 방향을 정하고 나아가는 능력을 잃어버린 것은 아닐까? 살아가며 종종 길을 잃은 듯한 기분을 느끼는 것은 어쩌면 당연한 일인지도 모른다. 우리는 모든 것을 알고 통제할 수 있다고 생각하지만, 자연에서, 심지어 '문명화된' 자연에서도 어린 새처럼 나약하다.

　매우 드물긴 하지만, 몽골인처럼 사막 한가운데나 깊은 숲속에서 길을 잃지 않는 사람들이 있다. 물론 방향감각을 담당하는 인간의 뇌는 큰뒷부리도요나 뻐꾸기만큼 정교하게 발달하지 못했다. 그래도 별과 태양의 빛을 이용해 길을 찾는 건 얼마든지 가능하다.

우리는 이토록 중요한 능력을, 이 감각을 정말 잃어버린 것일까? 다시 필요해진다면, 며칠, 몇 달, 혹은 몇 세대가 걸리더라도 이 본능을 되살릴 수 있을까? 알 수 없는 일이다. 오늘날 우리는 단지 즐기기 위해 여행을 떠난다. '어떻게 가는가'에는 관심을 두지 않고, 일단 값싼 비행기표를 찾는 데만 골몰한다. 과거에는 며칠이 걸려야 닿을 수 있던 곳에 이제는 몇 시간 만에 갈 수 있게 되면서 본능적 감각을 잃어가고 있다.

큰뒷부리도요는 이레 동안 태평양 위로 끝없이 펼쳐진 창공을 날면서 무슨 생각을 할까? 새의 시간은 어떻게 흘러갈까? 긴 비행 끝에 큰뒷부리도요는 이윽고 고도를 낮춘다. 육지에 가까이 다가가 북극 지방의 늪과 강들을 본다.

우리 눈에는 모두 비슷비슷하지만 새는 지난해 둥지를 틀었던 바로 그 자리에 내려앉아 지친 날개를 접는다. 오늘날 우리는 큰뒷부리도요나 제비갈매기보다 훨씬 빠르게 이동한다. 그러나 그것을 인류의 진정한 진보라고 할 수 있을지는 모르겠다.

뻐꾸기를 비롯한 철새들이 왜 먼 거리를 여행하는지는 알 수 없다. 하지만 중요한 질문은 '왜'가 아니라 '어떻게'가 아닐까 싶다. 우리는 여름휴가를 준비하며 가이드북과 지도, 인터넷을 뒤적여 정보를 얻는다. 여행길에서는 라디오, GPS, 표지판을 끊임없이 확인한다. 올바른 길로 나아가려면 온갖 무기가 필요하다. 반면 철새가 가진 건 날아가겠다는 의지뿐이다. 그리고 날개 아래 펼쳐진 바다와 산, 하늘의 별과 태양만 있으면 된다. 철새들은 도중에 죽지 않는 한 결국 목적지에 도착한다.

새들이 어떻게 그토록 먼 거리를 여행할

수 있는지는 여전히 수수께끼지만 한 가지는
분명하다. 새들은 자신의 능력을 온전히 활용할 줄
안다. 몽골 유목민도 마찬가지다. 하지만 우리는
그 능력을 잃어버렸다. 타고난 능력의 상실은
퇴보를 의미한다. 그 간극은 기슬의 발전으로도
메워지지 않는다. 언젠가 여행길에서 GPS가 고장
난다면, 오직 본능에 의지해 길을 찾는 새들을
떠올려보는 건 어떨까?

가족을 이루는 다양한 방식

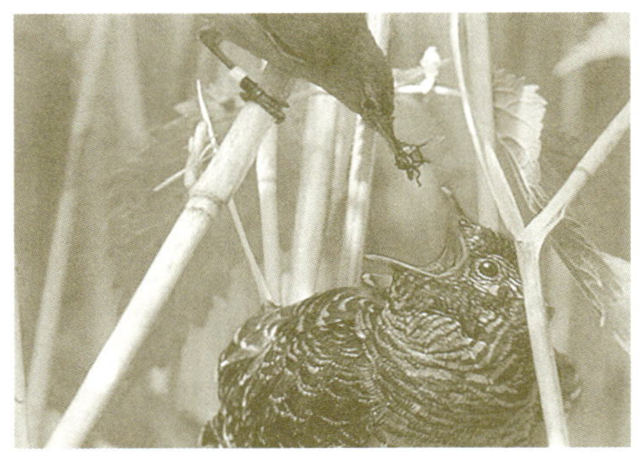

자연이 정의하는 가족은
새끼를 가장 효과적으로 키워낼 수 있는
협력 관계이다.

뻐꾸기와 거위, 서로 다른 양육의 모습

　우리는 대개 ‘가족’의 의미를 잘 알고 있다고
생각한다. 하지만 그 의미는 생각보다 단순하지
않다. 새들의 세계를 들여다보면, 우리가 가족을
얼마나 좁은 시각으로 바라보고 있는지 깨닫게
된다. 뻐꾸기는 알이 부화하기도 전에 새끼를
떠나는가 하면, 거위나 두루미는 새끼가 다 자란
후에도 오랫동안 유대관계를 이어간다.

　가족이란 무엇일까? 생식의 결과로 어쩔 수
없이 맺어지는 관계일까, 아니면 진화의 산물일까?
아메바는 가족이 없다. 가족이라는 개념은 주로
고등동물, 특히 포유류와 조류에서 나타난다.

　인간 사회에서 가족을 정의하는 일은 결코
간단치 않다. 문화적 배경에 따라 다 다르기

때문이다. 전통적 형태(부부와 자녀로 구성된 가정)만을 인정하는 이들이 있는가 하면, 다양한 형태의 가족(한 부모 가정, 재혼 가정, 동성 부모 가정 등)을 받아들여야 한다고 주장하는 이들도 있다. 이러한 견해 차이는 끊임없는 논쟁을 낳고, 때로는 적대적 대립으로 이어지기도 한다. 전통적 형태만 인정하는 이들은 '자연'이나 '생물학'을 자기주장의 근거로 댄다. 하지만 실제로 자연은 이 문제에 대해 매우 유연하다. 자연이 정의하는 가족은 새끼를 가장 효과적으로 키워낼 수 있는 협력 관계이다. 그게 전부다. 구성원 형태는 상관없다. 중요한 것은 새끼들이 자라 스스로 살아갈 수 있게 되는 것이다.

모든 생명은 살아가는 데 필요한 것들을 맨 처음 가정에서 배운다. 그래서 이들을 보살피고 가르치며 지켜주는 다정한 부모가 필요하다. 이것이 이상적이다. 하지만 현실과 이상은 다르다. 자격 없는 부모도 있고, 자녀를 지나치게 보호하는 부모도 있으며, 늘 부재하는 아버지나 무관심한 어머니도 존재한다. 새들의 세계도 크게 다르지 않다.

인간의 윤리적 잣대로 보면 뻐꾸기는 부모로서 낙제점이다. 암컷과 수컷은 오로지 번식을 위해서만 만나고 헤어진다. 암컷은 다른 종의 둥지에 몰래 알을 낳고 할 일을 다 했다는 듯 떠나버린다. 그러면 뻐꾸기에 속아 넘어간 양부모 새들은 자신들의 새끼보다 훨씬 큰 새끼 뻐꾸기를 정성껏 돌본다. 새끼 뻐꾸기는 둥지 안에 있던 양부모의 새끼들을 하나씩 밀어내 떨어뜨리지만, 양부모 새들은 본능대로 부모로서의 자기 역할에 충실하다. 그런데 다른 종에게 길러지는 건 뻐꾸기만의 얘기가 아니다. 새들의 세계에는 같은 종은 물론, 다른 종의 새끼를 자발적으로 입양하는 일이 적지 않다. 입양은 인간만이 할 수 있는 일은 아니다.

수컷이 오직 번식에만 관여하는 종도 있다.

짝짓기가 끝나면 알을 품고 새끼를 키우는 일은
전적으로 암컷의 몫이다. 대표적으로 오리가
그렇다. 반면 작은 섭금류의 경우에는 암컷이 알을
낳고 떠나고 수컷이 홀로 남아 새끼들을 돌본다.
물론 암수가 함께 알을 품고 새끼를 돌보는 경우도
있다. 두루미, 백조, 거위, 황새 등이 그러한데
새끼를 키우는 방식은 저마다 다르다.

　황새는 새끼가 스스로 살아갈 수 있게 되면
곧바로 독립시킨다. 반면 어떤 종은 새끼가 혼자
날 수 있게 된 후에도 몇 주간 더 보살핀다. 사회적
유대가 강한 거위는 새끼와 함께 지내는 기간이
훨씬 더 길다. 새끼가 알에서 나와 첫 번째 겨울을
날 때까지 함께 생활하는데, 이는 동물의 세계에서
상당히 긴 시간이다. 철새에게 이 시기는 매우
중요하다. 바로 이때 부모 새로부터 이동 경로와
월동지에 대해 배우기 때문이다. 이렇게 첫 겨울을
함께 보낸 뒤 부모와 새끼의 유대는 서서히
느슨해지고, 봄이 오면 새끼는 부모 곁을 떠나

독립한다.

　한편 새들의 세계에도 공동체 생활이 존재한다. 심지어 어떤 새들은 새끼들을 한곳에 모아 함께 돌보기도 한다. 군집 생활을 하는 큰홍학의 경우, 부모들이 새끼를 공동으로 양육한다. 새끼들은 알에서 나온 뒤 다른 새끼들과 일종의 '어린이집'에서 지내는데, 그 덕분에 부모는 훨씬 수월하게 새끼를 돌볼 수 있다. 흥미로운 사실은 이렇게 많은 새끼 새가 한데 모여 있어도 부모 새는 자기 새끼를 정확히 찾아내 먹이를 준다는 점이다.

　이렇듯 새들의 세계에서 가족의 형태는 한 부모 가정부터 공동 양육까지 매우 다양하다. 그런데 새끼와의 관계를 끝내는 쪽은 언제나 부모다. 부모는 새끼에게 독립할 시기가 되었음을 알리기 위해 일부러 모질게 대하기도 한다. 대개 먹이를 물어다주는 시기가 끝난 뒤 시작되는 '정 떼기'는 새끼가 지나치게 어미에게 의지하거나 고집을 부릴 경우 다소 혹독한 방식으로 이루어지기도 한다. 이는 집에서 기르는 가금류를 보면 쉽게 알 수 있다. 먹이를 받아먹을 시기가 지난 새끼가 계속 어미를 따라다니면, 어미는 새끼를 부리로 쪼며 단호하게 밀어낸다.

조류든 포유류든 새끼가 부모와 인간만큼 오랫동안 함께 지내는 종은 없다. 그렇다면 인간이 지나치게 오래 부모에게 의존하는 것은 아닐까? 자녀가 청소년기에 접어들면 부모와 자녀 간의 신경전이 잦아진다. 이때 부모는 본능적으로 자녀를 '떼어내고' 싶어 하고, 자녀도 부모로부터 독립하기를 원한다. 새들의 세계에서 부모 새는 성적으로 성숙한 새끼에게 먹이를 물어다주지 않는다. 부모가 청소년기 자녀를 버거워하는 것은 어쩌면 본능 깊숙한 곳에 자리한 원초적 반응일지도 모른다. 하지만 오늘날 부모는 자녀가 장성할 때까지 인내심을 발휘해야 하고, 자녀는 사회적으로 자립할 수 있을 때까지 독립의

욕구를 억눌러야 한다. 인간은 이렇게 자연스럽게
찾아오는 독립의 시기를 억제하고 지연시키는데,
이런 일은 동물의 세계에서는 일어나지 않는다.
그만큼 인간 사회가 복잡하고 독립 후 생존하기가
어렵기 때문일 것이다. 또 다른 흥미로운
사실은 어떤 동물도 자신이 늙었을 때 자식이
돌봐주기를 기대하지 않는다는 점이다. 예컨대
수명이 40~50년인 침팬지는 새끼가 약 5~6세에
독립하므로 새끼가 부모에게 의존하는 기간은
평생의 약 10~15퍼센트에 불과하다. 회색기러기는
그 기간이 평균 수명의 6~8퍼센트에 지나지
않는다. 반면 인간은 평균적으로 약 25퍼센트나
되며, 경우에 따라 더 늘기도 한다.

인간 사회에서 가족은 여러 사회적 규범과
교육적 요소가 더해지면서 다양한 사회적 역할을
수행하는 구조로 변화했다. 하지만 생물학적
본능이나 자연의 질서와는 멀어지게 되었다.
그럼에도 가족은 미래 세대가 성장하는 데 필요한

유대감과 안정감을 제공하는 중요한 터전이며,
자녀가 성인이 될 때까지 올바른 판단과 행동
기준을 배우는 공간이다. 가족은 단순한 혈연
공동체 이상의 의미를 지닌다.

　바로 이 지점에서 인간과 동물의 가족 개념이
근본적으로 달라진다. 시간이 흐르면서 이 차이는
더욱 뚜렷해졌다. 거위나 황새에게 가족은 성장
과정에서 잠시 거치는 한 단계일 뿐이지만,
인간에게 가족은 필수적인 공동체이다. 그 안에는
각기 다른 규칙과 금기가 존재한다. 제비 가족에게
'크리스마스는 반드시 가족과 함께 보내야 한다'는
규칙 같은 건 없지 않겠는가?

진정한 용기에 대하여

자그마한 몸으로 용맹함을 뽐내는 꼬까울새

작은 새들이 믿는 것은
오직 자신의 집념과 결기뿐이다.

자그마한 몸으로 용맹함을 뽐내는 꼬까울새

우리는 대개 주변의 생물을 지나치게
의인화한다. 꽃에도 인간의 감성을 표현하는 말로
의미를 붙인다. 빨간 장미는 사랑을, 수레국화는
행복을 뜻한다고 말이다. 동물을 대할 때도
마찬가지다. 특히 지능이 높은 동물의 자세나
행동을 주관적으로 해석해 실제와는 다른 의미를
투영하곤 한다.

힘과 권력의 상징으로 여겨지는 독수리만
봐도 그렇다('밀림의 왕이 사자'라면 '하늘의
왕은 독수리'라는 말이 있다). 실제로 독수리를
문장紋章으로 삼은 국가나 정당은 셀 수 없이 많다.
대부분의 맹금류가 그렇듯, 바람이나 장애물
따위를 개의치 않고 힘차게 비상하는 독수리의

모습은 장엄하기까지 하다. 게다가 강인하고
냉철해 보이는 노란 눈은 '용맹함' 그 자체다.
독수리는 시력이 매우 좋아 수백 미터 상공에서도
미세한 움직임을 포착할 수 있다. 그러나 그토록
장엄하고 용맹해 보이는 독수리가 부리를
여는 순간, 환상은 산산이 깨진다. 울음소리가
어찌나 처량한지, 이가 다 빠진 노인의 목소리를
떠올리게 한다. 게다가 안전 지상주의여서 매처럼
사냥감을 쫓아 광란의 비행을 하는 일은 없다.
시속 300킬로미터로 급강하하는 것은 바람을
타고 활공하는 것보다 매우 위험하기 때문이다.
독수리는 먹이를 낚아채기 위해 강력하고
날카로운 부리와 발톱을 사용할 뿐, 그 이상의
노력은 기울이지 않는다. 영역을 지키는 일에서도
'가장 용맹한 새'라 부르기 어렵다. 물론 겁쟁이는
아니지만, 세상의 많은 권력자가 숭상하며 자신의
상징으로 삼을 만한 동물인지 생각해보면 고개가
갸웃거려진다. 진정한 용기를 상징하는 호전적인

새를 원했다면, 독수리가 아니라 꼬까울새를
선택했어야 했다. 정원에서 흔히 볼 수 있는 이
앙증맞은 새야말로 진정한 싸움꾼이다.

꼬까울새는 둥글고 자그마한 몸으로 자신의
영역을 굳건히 지킨다. 다른 새가 자기 땅을 밟는
것을 몹시 싫어하는데, 그러면서도 정작 자신은
남의 집 마당을 아무렇지 않게 밟고 다닌다. 이
새는 울음소리로 자신의 존재를 드러낸다. 소리는
의외로 우수에 차 있지만, 실은 선전포고다.
어찌나 호전적인지 창문이나 자동차 사이드미러에
비친 자신의 모습조차 침입자로 여겨 맞서 싸울
정도다. 하지만 몸길이 14센티미터 남짓한 작은
꼬까울새는 날개폭이 2미터가 넘는 독수리에
비하면 깃발이나 장검에 새기기엔 볼품없을 수
있다.

용맹함을 상징하는 새라면 프랑스의 국조國鳥인
수탉을 빼놓을 수 없다. 그러나 가금류 가운데
진정한 싸움꾼을 꼽자면 단연 수컷 거위다. 암컷과

새끼를 지키는 데 진심인 수컷 거위는 자기
영역에 들어온 사람의 종아리를 물어버릴 만큼
사납다. 경계심에 있어서도 수탉이나 암탉은 수컷
거위를 따라가지 못한다. 수컷 거위야말로 진정한
파수꾼이다. 수탉은 정작 위험이 닥치면 닭장에서
정복자처럼 으스대던 모습은 온데간데없고, 잔뜩
겁을 먹고는 요란스럽게 울어대며 허겁지겁
도망치기 일쑤다. 그렇지만 거위를 국가의
상징으로 삼기에 무리가 있는 것은 사실이다.
덩치가 크고 둔한 데다, 한 번 짝을 맺으면 평생을
함께하는 일부일처의 습성을 지닌 지나치게
가정적인 새이기 때문이다. 반면 수탉은 화려한
깃털과 당당한 자태를 뽐내며 암탉들에 둘러싸여
살아가는 '돈 후안Don Juan' 같은 새다. 그렇다고
수탉에게 난봉꾼 같은 이미지만 있는 것은 아니다.
기독교에서 수탉은 밤에서 낮으로, 어둠에서
빛으로 나아가는 상징으로 여겨진다. 하지만
수탉의 울음소리는 새벽을 알리는 티티새나

개똥지빠귀의 노랫소리에 비하면 형편없다.

수탉은 분명 매력적인 동물이며 다른 동물에 비해 결코 어리석지 않다. 하지만 수탉이 정말 한 나라를 상징할 만한 동물일까? 사실 수탉이 프랑스의 상징이 된 데는 로마인들도 한몫했다. 이들이 수탉을 뜻하는 라틴어 '갈루스Gallus'와 골족(고대 프랑스 지역에 정착한 켈트족의 일부로, 오늘날 프랑스인의 조상으로 여겨진다—역주)을 뜻하는 '갈리아Gallia'가 발음이 비슷한 것을 이용해 말장난을 하며 골족을 조롱했던 것이다. (사실 골족은 수탉과 아무 관련이 없었다. 닭 요리를 먹었다는 것 외에는.) 이러한 조롱의 기원은 꽤 오래전으로 거슬러 올라가는데, 고대 로마 철학자 세네카는 "수탉은 자기 똥 무더기 위에서만 왕 노릇을 한다(gallus in sterquilinio suo plurimum potest)"라고 말한 바 있다. 이는 "누구나 자기 집에서는 왕이다"라는 프랑스 속담과 비슷하지만, 당시에는 골족을 비하하는 말로 받아들여졌다. 그러나 이후

프랑스인들은 수탉의 긍정적 이미지에 주목했고,
결국 '똥 무더기 위에서 노래하는 새'를 국가의
상징으로 삼았다.

겉모습에 지나치게 의미를 부여하는 우리는
종종 신체적 힘과 내면의 용기를, 허세와 위엄을
혼동한다. 하지만 새들의 세계를 들여다보면,
작은 새들이 자신보다 훨씬 큰 상대에게 결코
밀리지 않는 모습을 어렵지 않게 발견할 수 있다.
작은 새들은 깃털을 부풀리고 날개를 퍼덕이며
큰 소리로 울어대면서 상대를 당황하게 만든다.
예컨대 제비갈매기는 새끼를 노리고 주변을
서성대는 갈매기를 집요하게 추격해 끝내 자신의
영역에서 몰아낸다. 심지어 어떤 새들은 날고 있는
거대한 맹금류 등에 올라타 머리를 쪼아대기도
한다. 흥미로운 사실은 대체로 수수한 깃털을 가진
새들이 자신의 영역이나 새끼를 더 잘 지킨다는
점이다. 반면 화려한 깃털을 가진 수컷들은
위험에 맞서기보다 도망치거나 숨는 데 급급하다.

말하자면, 깃털이 화려하다고 해서 싸움 실력까지
뛰어난 것은 아니다. 작고 귀여운 박새는 용감하게
다른 새들과 싸우는 것은 물론, 고양이에게도
맞서며(물론 항상 그런 것은 아니지만) 자기 영역을
굳건히 지킨다. 올빼미 가운데 가장 작은 종
중 하나인 금눈쇠올빼미 역시 몸집은 작지만
포식자에게 거침없이 맞선다. 이 작은 새들이 믿는
것은 오직 자신의 집념과 결기이다. 국가나 집단을
상징할 새를 정하기 전에 과연 새들을 충분히
관찰했을까? 그저 겉모습에 이끌려 성급하게
결정한 것은 아니었을까?

곁에 있는 것만으로
만족스러운 사랑

멧비둘기 한 쌍의 다정한 일상

새들은 망설임이라는 것을
거의, 아니 전혀 모르는 듯하다.

멧비둘기 한 쌍의 다정한 일상

따스한 봄날, 멧비둘기 한 쌍이 전깃줄 위에
나란히 앉아 다정하게 서로 깃털을 골라준다.
눈가에서 목덜미, 정수리까지 부드럽고 애틋하게
콕콕 다독인다. 그렇게 서로를 어루만지던 두 새는
나른한 듯 눈을 감고 햇살을 즐긴다. 연신 입을
맞추며 꼭 붙어 있는 모습이 더없이 좋아 보인다.
무엇도 그들을 방해할 수 없을 것 같다. 서로를
사랑하는 두 새는 행복하다.

멧비둘기 한 쌍의 모습은 세상 어느 연인과
다르지 않다. 공원 벤치에 앉아 서로를 끌어안고
입을 맞추며, 사랑하는 이의 눈동자에 빠져든 채
불타는 가슴으로 모든 것이 영원할 것이라 믿는,
조르주 브라상Georges Brassens의 노래 속 연인 같다.

사랑을 이야기할 때 새는 특히 자주 등장한다.
새가 토끼나 악어보다 훨씬 낭만적인 이미지를
가진 건 사실이다. "사랑이 날개를 달아준다"는
말도 있지 않은가? 부부의 행복을 상징하는 하얀
비둘기는 결혼식에 빠지지 않는 단골손님이다.
여름날 저녁, 열기를 머금은 황혼 속에서 꾀꼬리는
연인들에게 열정적으로 노래를 불러준다. 한 번
짝을 맺으면 떨어질 줄 모르는 앵무과의 잉꼬는
또 어떤가? 한쪽이 세상을 떠나면 머지않아 다른
한쪽도 그 뒤를 따르는, 수십 년을 함께해온
노부부 같지 않은가?

그런데 사랑한다는 것은 무엇일까? 새들도
첫눈에 반해 사랑에 빠질까? 서로 깊이 교감하고
마음을 나눌까? 몽테뉴Michel de Montaigne가 자신의
벗 라 보에시Étienne de La Boétie를 두고 "그저 그가
그이기에, 내가 나이기에"라고 말한 것처럼,
새들도 깊은 우정을 나눌 수 있을까?

어떤 새들은 홀로 살아가기도 하지만, 어떤

새들은 무리 속에서 각별한 유대를 맺으며
살아간다. 예컨대 회색기러기는 제 짝에게
한결같은 애정을 쏟는 것은 물론, 새끼가 자라는
첫해 내내 끈끈한 가족애를 다진다. 부모 새는 다
자란 새끼들과 첫 이동을 함께하며 길잡이 역할을
한다. 또한 병아리를 정성스레 돌보는 어미 닭은
오늘날 모성애의 상징으로 여겨진다.

새들 역시 '우정'이라는 이름의
사랑을 주고받는다. 수염오목눈이나
붉은머리오목눈이처럼 무리를 지어 사는 새들은
동료 없이는 살지 못한다. 심지어 새장에서
살아가는 새들조차 자신을 돌보는 인간에게
애정을 표현하거나, 다른 종의 동물과 친밀한
관계를 맺는다. 그러므로 새들도 번식과 무관하게
우정이나 동료애를 느낀다고 할 수 있다.

그렇다면 사랑은 관계를 맺는 데서 시작되는
것이 아닐까? 우리는 한 사람 혹은 여러 사람과
관계를 맺고, 서로 도움을 주고받으며 기쁨을

느낀다. 그러다가 어떤 이유로 그 관계가 단절되면 불행해한다.

넓은 의미의 사랑은 오래전부터 철학적 사유의 대상이었으며, 오늘날에도 여전히 우리를 사로잡는 화두이다. 사랑의 정의는 저마다 다를 수 있다. 진정한 사랑이란 무엇일까? 참으로 심오한 질문이 아닐 수 없다. 사랑에는 연인 간의 사랑, 부모 자식 간의 사랑, 형제애, 우정 등 다양한 형태가 있다. 새들 또한 이처럼 다양한 형태의 사랑을 자신들만의 방식으로 나누고 느끼는 듯하다. 그들 역시 사랑의 열정을 느끼고, 성적 매혹에 이끌리며, 서로의 깃털을 골라주고 함께 새끼를 돌보며 따뜻한 애정을 나눈다.

새들은 인간처럼 사랑의 온갖 미묘한 감정을 느끼지는 않을지도 모른다. (그래서 인간처럼 누군가를 증오하며 괴로워하지도 않는다). 그러나 멧비둘기 한 쌍을 가만히 지켜보면 서로 애틋해하고, 존중하며, 육체적 대력을 뽐내고,

배려하며, 협력하고 있음을 알 수 있다. 맛있는 먹이를 발견한 수탉이 의기양양하게 암탉들을 불러 함께 나누어 먹는 모습은 이른 아침 갓 구운 빵을 연인에게 가져다주는 사람의 모습과 크게 다르지 않다.

새들이 우리에게 사랑이 무엇인지 보여주고 있는 것 같기도 하다. 다정과 존중, 끌림, 배려, 세심한 관심이 어우러진 마음이 곧 사랑이라고. 사랑하는 이에게 도움이 될 일을 하고, 상처 주지 않으며, 소소한 선물이나 맛있는 음식을 함께 나누는 마음. 상대의 기분을 헤아리고, 최선을 다해 그를 도우며, 그의 삶을 조금 더 편안하게 해주려는 마음. 이것이 사랑이라고.

인간에게도 사랑이란 좋은 것을 함께 나누고, 서로를 다정하게 대하며, 굳이 말하지 않아도 마음이 통하고 저절로 미소 짓게 되는 것이다. 소유하려는 마음이나 불타는 열정은 진정한 사랑이 아니다.

새들이 사랑하는 모습을 보이는 건 결국 번식을 위한 행동이라고 냉소적으로 말하는 이들도 있을 것이다. 그렇다면 우리도 마찬가지 아닐까? 이른 아침 연인에게 크르아상을 사다주는 이는 기분 좋은 아침 식사가 침대로 이어지기를 기대한다. 또한 가벼운 입맞춤이 멧비둘기의 깃털 고르기처럼 상대의 긴장을 풀어준다는 것을 알고 있다. 물론 사랑의 궁극적인 목적은 번식이 아니다. 오로지 아이를 낳기 위해서만 부부가 함께하는 것은 아니지 않은가. 그렇지만 번식은 분명 사랑이라는 관계에 내재되어 있다. 가장 숭고하고 고결한 사랑도 결국 동물적 본성에서 비롯된다. 그렇다고 한들 뭐가 문제인가? 우리는 인간의 동물적 본능을 부정하곤 하지만, 그것은 사실 멧비둘기 부부의 따뜻한 애정이기도 하고 회색기러기 한 쌍의 협력이기도 하다.

새들은 인간보다 훨씬 능숙하게 사랑을 찾는다. 그들의 유혹이나 구애 행위는 꽤 단순하다.

그래서 그 성공 여부를 쉽게 알아챌 수 있다.
하지만 인간은 두꺼운 옷으로 몸을 가리듯
마음도 몇 겹으로 숨겨 이성 간의 미묘한 신호가
잘 드러나지 않는다. 연애에 서툰 사람들은 '저
사람이 나를 좋아할까?'라는 고민에 빠져 몇 시간,
며칠, 때로는 몇 달, 심지어 몇 년을 허비하기도
한다. 상대의 마음을 헤아리지 못해 괴로워하고
혼란스러워한다.

　우리는 자신의 본능이나 직관에 좀처럼 귀를
기울이지 못한다. 결정을 내리거나 감정을 느낄
때조차 지나치게 머리를 굴린다. 또는 사랑에
너무 서툴러서 좋아하는 사람에게 선뜻 다가가지
못하다가도 엉뚱한 순간에 마음을 내보이곤 한다.
그래서 늘 바람과 달리 상대와 어긋나고, 사랑에
실패할 때마다 깊이 상처받는다. 실연을 당하면
다시는 사랑하지 않겠다고 다짐하고, 새로운
누군가를 좋아하게 되면 먼저 손을 내밀어야 할지
고민하며 스스로를 괴롭힌다. 단순하게 사랑하지

못하고 쉽게 평정심을 잃는다.

하지만 티티새는 '저 예쁜 암컷에게 세레나데를 부를지 말지'를 몇 시간 동안 고민하지 않는다. 수컷은 마음에 드는 암컷이 있으면 곧바로 다가가 노래를 부른다. 상대가 자신을 마음에 들어 하든 말든 상관하지 않는다. 일이 잘 풀리지 않아도 개의치 않는다. 새들은 장기적 전략을 세우거나, 한없이 머리를 굴리며 따지지 않는다. '망설임'이라는 것을 거의, 아니 전혀 모르는 듯하다. 우리도 새들에게 사랑하는 법을 배워야 하지 않을까?

실연을 당하면 추운 겨울에 심장 박동을 멈추고 죽은 듯 지내는 송장개구리처럼 살아가는 사람들이 있다. 그들은 사랑하기를 포기하고 다시 상처받을까 두려워 누구에게도 마음을 열지 않는다. 하지만 새들의 심장은 결코 멈추는 법이 없다.

어쩌면 사랑이란 멧비둘기 한 쌍처럼 그저

서로를 보듬는 것일는지 모른다. 지금, 여기에
함께 있는 것만으로 만족하며, 다른 어디로도 가고
싶어 하지 않는 것, 그것이 바로 진정한 사랑이
아닐까?

지금 여기에 만족하는 삶

흙 목욕을 하는 암탉의 행복

"

암탉은 좀처럼 가만히 있지 않는다.
그렇지만 나무 그늘 아래에서
몇 시간이고 느긋하게 쉴 줄도 안다.

흙 목욕을 하는 암탉의 행복

암탉을 가만히 지켜보다 보면, 고양이처럼
가르랑거리는 소리를 내서 놀랄 때가 있다.
암탉은 깊은 만족감을 느낄 때 나지막이 소리를
내는데, 특히 흙 목욕을 할 때 그렇다. 암탉에게
흙 목욕은 단순한 즐거움을 넘어 반드시 해야
하는 일이다. 건강하고 깨끗한 깃털을 유지하려면
흙에서 뒹굴며 깃털에 있는 기생충을 털어내야
한다. 물기를 튕겨낼 수 있도록 깃털을 청결하고
아름답게 관리하는 것은 생존과 직결된 문제이다.
그렇게 흙 목욕을 즐기는 암탉을 보고 있으면
세상에 저보다 행복한 존재가 또 있을까 싶은
생각이 절로 든다.
　암탉은 우선 부드럽고 먼지가 잘 이는 흙을

찾는다. 그러고는 흙에 마구 뒹굴며 온몸을
비빈다. 그 몸짓이 어찌나 격렬한지 형체를
알아보기 힘들 정도다. 흙먼지를 온몸에
뒤집어써서 어디가 머리고 어디가 다리인지
구분이 안 갈 만큼 엉망진창이 된다. 그러다 먼지
구름이 가라앉을 때, 암탉은 눈을 가늘게 떴다
감았다 하며 만족스러운 듯 낮고 깊은 소리를
낸다. 그 소리는 꽤 오랫동안 이어진다. 암탉은
느긋하게 그 시간을 즐긴다. 따뜻한 햇볕을 쬐는
모습이 무척 행복해 보인다. 그러다 다시 흙에
몸을 비비고, 머리를 흙 속에 파묻거나 날개를
푸드덕거리며 뒹군다. 그 모습을 지켜보던 다른
암탉이 다가와 함께 흙 목욕을 하기도 한다. 두
암탉은 나란히 꼭 붙어 앉은 채 한동안 꿈쩍도
하지 않는다. 나중에 합류한 암탉이 벌레를
잡느라 먼저 자리에서 일어나도 목욕하던 암탉은
구덩이에 몸을 파묻은 채 미동도 하지 않는다.

흙 목욕을 하고 있는 암탉을 보고 있노라면

수세기 동안 사람들에게 철학적 영감을 준 라틴어 경구 하나가 떠오른다. "카르페 디엠(Carpe diem)!", '현재를 즐겨라'라는 말이다. 이 말은 '지금 여기에 머물라'는 불교의 가르침과 맞닿아 있을 뿐만 아니라 매 순간을 충만하게 살아가라는 심리학적 조언과도 맥을 같이한다. 과거의 기억에 얽매이지도, 오지 않은 미래를 염려하거나 기대하지도 말라는 뜻이다. 지금 이 순간, 이제 막 열매를 맺기 시작한 벚나무 그늘 아래, 암탉은 따스한 햇살을 받으며 보드랍고 깨끗한 흙에서 목욕을 즐긴다. 그리고 바로 지금 여기에서, 충만한 행복감에 젖어 나지막이 탄성을 내뱉는다.

지나친 의인화라고?

천만에, 암탉은 결코 우리와 다르지 않다. 몸을 이루는 원자도, 느끼는 감정도 마찬가지다. 물론 암탉은 인간과는 다른 방식으로 세상을 인식한다. 감각의 방식 역시 다르다. 이를테면 암탉은 인간이 미처 알아채지 못한 이웃집 고양이의 기척을 먼저 느끼고, 유령처럼 조용히 경계 태세를 갖춘다.
인간이 고양이의 등장을 알아차릴 즈음, 암탉은
이미 위험을 감지하고 요란하게 울어댄다. 암탉은
인간과는 전혀 다른 종이지만, '생명체'라는
본질에 있어서 조금도 다르지 않다. 암탉이 따뜻한
햇볕을 쬐며 느끼는 행복, 흙 목욕을 하며 느끼는
만족감은 우리가 거품 목욕을 하며 느끼는 감정과
본질적으로 같다.

　암탉을 보고 있으면 문득 이런 생각이 든다.
왜 우리는 암탉처럼 목욕하는 그 순간에 온전히
집중하지 못할까? 깃털이 없으니 암탉만큼 목욕에
정성을 들일 필요가 없어서일까? 우리는 늘 해야
할 일에 쫓기고, 이미 지나간 일을 곱씹으며, 아직
오지 않은 미래를 걱정하느라 목욕하는 순간조차
온전히 즐기지 못한다. 암탉은 도히려 스트레스를
받으면 목욕을 하지 않는다. 불안하거나 긴장되면
흙에서 뒹구는 대신, 한자리에 웅크려 꼼짝하지
않거나 시끄럽게 울어댄다. 반면 인간은 마음이

복잡하고 속이 타들어가도, 심지어 긴장으로 몸이
굳어도 씻는다. 그럼 우리는 어떻게 해야 암탉처럼
지금 이 순간을 온전히 만끽할 수 있을까?

　암탉은 '지금 이 순간'의 행복을 우리에게
보여준다. 꼬꼬댁거리며 이리저리 걷다가 폴짝
뛰어오르다가, 흰나비를 열심히 쫓아간다. 하지만
나비는 너무 높이, 너무 빨리 날아가버린다.
그래도 암탉은 실망하지 않고 금세 다른 곳으로
관심을 돌려 땅을 박박 긁기 시작한다. 긁고 또
긁으며 사방으로 흙을 튀긴다. 그러다 부리로
땅을 툭 쪼고, 잠시 들여다보다가 다시 쪼아본다.
도대체 흙 속에 무엇이 있기에 그토록 열심일까?
우리 눈에는 보이지 않지만 암탉을 행복하게
하는 무언가가 그 안에 있는 것일까? 암탉은
좀처럼 가만히 있지 않는다. 성실해서인지
아니면 그저 부산스럽게 움직이는 것인지는
알 수 없지만, 쉴 새 없이 무언가를 찾고, 긁고,
움직인다. 그렇지만 암탉은 나무 그늘 아래에서

몇 시간이고 느긋하게 쉴 줄도 안다. 암탉은 그저 '지금, 여기'에 존재하는 것만으로 충분하다는 듯 매 순간을 온전히 만끽한다. 그리고 온몸으로 우리에게 말한다. "카르페 디엠." 지금 이 순간을 살아가라고.

아름다운 예술이란 무엇일까?

극락조의 화려한 춤, 찌르레기의 독특한 노래

새들의 노래는 자연스럽게 예술이 된다.

극락조의 화려한 춤, 찌르레기의 독특한 노래

언젠가 라디오에서 매우 진지한 토론 프로그램을 들은 적이 있다. 그때 패널로 출연한 한 여성이 "예술은 오직 인간만이 할 수 있는 일"이라고 주장했다. 동물들의 모든 '예술적 행위'는 결코 '창조'라 할 수 없으며, 단지 인간의 눈에 아름답게 보일 뿐 의도된 것이 아니라는 취지였다.

정말 그럴까? 오목눈이가 깃털을 비롯해 버들강아지, 가는 나뭇가지, 작은 이끼 덩어리로 지은 둥지는 그 자체로 하나의 예술작품처럼 아름답다. 물론 오목눈이 한 쌍이 둥지를 짓는 것은 곧 맞이할 새끼를 위해서이지, 인간을 감동시키기 위해서는 아니다. 그저 우리가

이를 아름답다고 느낄 뿐이다. 그러나 어쩌면
오목눈이는 둥지를 최대한 예쁘고 견고하게
만들려고 애쓰는지도 모른다. '아름다움'을 염두에
두지 않았다고 누가 장담할 수 있겠는가?

　아름다운 둥지를 짓는 일이라면 바우어새를
언급하지 않을 수 없다. 호주에 서식하는 이
새는 '예술가'라 불러도 손색이 없을 만큼
정교하고 화려하게 둥지를 꾸민다. 특히 수컷
새틴바우어새는 짙은 푸른색 깃털을 가졌는데,
파란색을 가장 아름다운 색으로 여긴다. 자신의
깃털 색이라서일까? 그 이유는 알 수 없다. 이
새는 모든 바우어새 종처럼 작은 나뭇가지와 풀을
엮어 매우 정교하게 둥지를 짓는다. 그 둥지가
요람 같아서 '요람새'라 불리기도 한다. 수컷은
둥지가 암컷에게 더욱 아름답게 보이도록 '푸른색
페인트'를 칠한다. 보라색, 파란색, 검은색 열매를
모은 뒤 자신의 침과 산불로 생긴 숯을 섞어
페인트를 만들어 작은 나무껍질 조각을 붓 삼아

둥지에 바르는 것이다. 이어 둥지 주변을 온갖 푸른색 물건으로 장식한다. 병두껑, 볼펜, 라이터, 각종 플라스틱 조각까지, 푸른석이라면 무엇이든 상관없다. 또한 둥지 입구에 크고 작은 자갈을 놓는데, 그 방식이 매우 놀랍다. 큰 돌은 앞쪽에, 작은 돌은 뒤쪽에 놓아 암컷이 둥지 안에서 바라볼 때 자갈길이 실제보다 더 길어 코이는 착시 효과를 노린다. 이 모든 과정이 비록 암컷을 유혹하기 위한 행위라 해도, 이것이 예술이고 창조가 아니라면 무엇이란 말인가? 눈을 즐겁게 하기 위한 것이 아니라면, 둥지를 온통 푸른색으로 꾸미는 데 몇 시간을 공들일 이유가 무엇이겠는가?

라디오에 출연한 여성 패널은 그 모든 행위가 의도된 것이 아니라고 주장했다. 그럴 수도 있다. 그렇다면 인간의 예술작품은 모두 의도된 것일까? 무의식 속에서, 혹은 불현듯 떠오른 영감에서 탄생한 작품이 때로는 예술 애호가들의 찬사를 받기도 한다. 예술가들 또한 번뜩이는 영감에 이끌려 작품을 만들고 스스로 감탄할 때가 있다.
비록 새들이 인간처럼 의도를 가지고 무언가를
창조하는 것은 아니라 해도, 그들 역시 나름의
방식으로 예술을 하고 아름다움을 만들어내고
있는 것은 아닐까?

인간이 예술을 하는 이유는 무엇일까? 타인에게
인정받고자 하는 욕구, 혹은 누군가에게 잘 보이고
싶은 욕망도 예술의 목적 중 하나일 것이다.
남녀를 막론하고 음악가, 화가, 시인은 대개
자신만의 뮤즈에게서 영감을 받아 곡을 만들거나
그림을 그리거나 시를 쓰며, 이를 통해 자신의
매력을 드러낸다. 인간의 창조 행위는 정말로
자연의 법칙이나 동물적 본능과 완전히 무관할까?
예술이란 성적 욕망을 미적으로 승화하는
과정이라고 프로이트Freud가 말하지 않았던가?

아름다운 깃털을 뽐내고, 맑고 고운 소리로
노래하며, 둥지를 정성껏 꾸미는 새들은 지렁이에
비해 훨씬 '예술적'이라고 할 수 있다. 많은 새에게

아름다움은 매우 중요하며, 심지어 삶의 근본적
원동력인 듯하다. 설령 그것이 진화 과정에서
비롯된 자연 선택의 결과라 해도 대부분의 새들은
순수한 실용성보다는 '아름다움'에 이끌려 선택을
한다. 예컨대 수컷 공작의 꼬리는 눈부시게
화려하지만 동시에 매우 거추장스럽고 불편하다.
그래도 암컷 공작이 짝을 고르는 기준은 오직
아름다움이다. 새들이 아름다움에, 나아가 예술에
무심하다면 어떻게 그들의 세계에 이토록 눈부신
아름다움이 넘쳐날 수 있겠는가?

아름다움을 추구하는 새는 또 있다. 극락조라는
경이로운 새를 살펴보자. 수컷 극락조는 암컷을
유혹하기 위해 믿기 어려울 만큼 화려한 춤을
춘다. 파리 오페라 발레단의 수석 무용수도 울고
갈 정도다. 게다가 수컷의 깃털 색과 형태는
보는 이를 압도할 정도로 화려하고, 무늬와 색의
조화는 그야말로 예술의 극치라 할 수 있다. 물론
극락조가 이 눈부신 색채의 조합을 의도적으로

‘창조’한 것은 아니다. 다만 분명한 사실은 이것이 진화의 산물이며, 자연 선택의 결과라는 점이다. 수천 년 동안 높은 나뭇가지 위에서 균형을 잃지 않고 뛰어난 춤을 추거나, 가장 길고 화려한 깃털을 가진 개체들이 선택되어 살아남은 것이다. 비록 의도한 결과가 아니라 해도, 화려한 깃털과 구애의 춤으로 암컷을 유혹하는 능력은 번식에 결정적인 영향을 미쳤고, 이는 종의 생존과 지속으로 이어졌다.

이 원초적이고 천진난만한 예술은 인간에게 영감을 줬다. 뉴기니 원주민들은 수천 년 전부터 의례나 축제에서 극락조의 깃털을 사용했다. 일부 부족에서는 남성이 여성을 유혹할 때 극락조의 깃털로 몸을 장식하기도 한다.

새의 예술은 깃털에만 있지 않다. 노랫소리 또한 하나의 예술이다. 새들은 분명 뛰어난 음악가다. 그렇다면 새들은 자신이 음악을 하고 있다는 사실을 아는 것일까, 아니면 그저 본능에 따라 지저귀는 것일까? 그 답을 알고 싶다면 봄철 숲으로 나가보면 된다. 같은 종의 수컷 두 마리가 가까이에 앉아 누구의 목소리가 더 크고 누구의 음색이 더 다양한지를 겨루는 광경을 목격할 수 있다. 노래지빠귀를 관찰하면 이를 더 쉽게 확인할 수 있다. 수컷 혼자 부를 때도 노래는 충분히 아름답지만 다소 반복적이고 단조롭다. 그러나 경쟁자가 나타나면 상황은 완전히 달라진다. 노래하던 수컷은 새로운 구절을 덧붙이고, 새로운 레퍼토리를 선보이며, 목소리를 한층 더 높인다. 실제로 많은 조류 종에서 노래를 가장 잘하는 수컷이 암컷의 마음을 가장 먼저 사로잡는다. 비록 생존과 번식을 위한 구애의 노래라 해도, 새들의 노래는 자연스럽게 예술이 된다.

앞서 언급한 라디오 여성 패널은 이렇게 반박할지도 모른다. 새들의 노래가 제아무리 아름답다 해도, 결국 부모에게 배운 소리를 되풀이하거나 단순한 본능에 따른 행동에

불과하다고. 그러나 수컷 흰점찌르레기를 보면
꼭 그렇지만은 않다. 물론 이 새의 음악적
재능이 특별히 뛰어나다고 할 수는 없다. 그
노랫소리는 감미로운 멜로디라기보다 시끄러운
울음소리나 날카로운 잡음에 가깝다. 그런데도
흰점찌르레기는 주저 없이 '예술가'처럼 노래한다.
다른 수컷과 마찬가지로 자신의 영역을 지키고
암컷을 유혹하기 위해서다. 수컷 흰점찌르레기는
자신의 노래를 조금이라도 더 매력적으로 들리게
하려고 주변에서 들은 온갖 소리와 소음을 섞어
자신이 얼마나 창의적인 음악가인지를 뽐낸다.
어쩌다 옥상 안테나나 나뭇가지에서 자동차
경적이나 휴대전화 벨소리를 듣게 된다면, 고개를
들어 위를 올려다보자. 어쩌면 그곳에 놀랄 만큼
독창적인 노래를 목청껏 부르는 흰점찌르레기가
있을지도 모른다.

　반드시 무언가를 창조해야만 예술이라 부를 수
있을까? 아름다움을 사랑하는 마음 또한 예술의

한 형태가 아닐까? 실제로 새들을 비롯한 많은 동물(심지어 식물까지도!)은 인간이 만든 음악을 즐길 줄 안다고 한다. 아름다운 선율에 이끌리는 것은 인간의 귀만이 아니다.

동물에 대한 과학적 연구가 쌓여갈수록 그들이 우리가 생각했던 것보다 훨씬 더 지능적이고 감성적이며, 심지어 공감 능력까지 갖추고 있다는 사실이 드러나고 있다. 그런데도 우리는 왜 여전히 동물이 예술을 창조하거나 아름다움에 대한 취향을 가질 수 있다는 사실을 믿지 않을까?

인간의 예술 역시 아름다움을 추구하고, 소리와 리듬을 조합하며, 색과 재료를 엮어내려는 본능에서 시작되지 않았을까? 새들도 이런 능력을 지니고 있다. 예술가란 무엇보다 자신을 둘러싼 세상을 섬세하게 바라보고, 흔들리는 나뭇잎이나 흘러가는 구름 속에서 시적 영감을 길어 올려 그 아름다움과 거기서 느껴지는 감정을 표현하는 존재다. 물론 동물들은 자신의 감정을 언어로 표현할 수 없다. 하지만 햇살이 따스한 봄날, 꽃이 만발한 나무 아래에서 쉬고 있는 동물이 인간처럼 행복을 느끼지 못한다고 누가 단정할 수 있을까? 인간도 세상의 아름다움을 받아들이고 표현하는 능력은 천차만별이다. 예술에 무감각한 사람들은 누군가가 그림을 그리고 악기를 연주하는 이유를 이해하지 못한다. 반대로 예술가들은 자신의 감성과 표현을 세상이 알아주지 않는다며 한탄한다. 하물며 가장 아름다운 푸른색 둥지를 만들기 위해 애쓰는 새의 마음을 우리가 어떻게 이해할 수 있겠는가? 수컷 새가 정성들여 지어놓은 둥지를 암컷이 외면할 때, 그 기분이 어떨지 우리가 어떻게 알 수 있겠는가?

예술가들은 종종 이렇게 말한다. 무언가를 예술로 표현하지 못한다면 결코 행복할 수 없을 거라고. 그렇다면 예술에 대한 갈망에는 선천적이고 본능적이며, 지극히 자연스러운 무언가가 깃들어 있는 게 아닐까?

사람들은 이따금 씁쓸한 표정으로 체념한
듯 "내가 뭐, 예술가도 아니고!"라고 말한다.
과연 그럴까? 우리는 각자의 영역에서 저마다
창의력을 발휘하고 있지 않은가? 일상에서 수많은
아름다움에 감동하지 않는가? 우리의 가장 큰
문제는 스스로 창의력을 억누른다는 데 있다.
어린 시절 핀잔을 들었던 기억 때문일 수도 있고,
주변 사람들의 곱지 않은 시선 때문일 수도 있다.
하지만 그림을 능숙하게 그리는 사람이 있는가
하면, 도자기를 능숙하게 빚는 사람이 있다.
뛰어난 음악성을 가진 사람이 있는가 하면, 예술적
감각으로 요리를 하는 사람도 있다. 아직 발산되지
않았을 뿐, 우리 모두는 저마다 예술성과 창의력을
가지고 있다. 분명 우리도 새들처럼 세상을
아름답게 하는 데 보탬이 될 수 있다.

머무를 자유, 떠날 자유

모두가 철새처럼 창공을 훨훨 나는
자유를 꿈꾸는 것은 아니다.

안락한 새장을 택한 카나리아

모두가 철새처럼 창공을 훨훨 나는
자유를 꿈꾸는 것은 아니다.

안락한 새장을 택한 카나리아

●

오래전 프랑스 가수 피에르 페레_{Pierre Perret}는
인간을 새에 빗대어 자유와 억압을 노래했다. 그의
노래처럼 새장을 열어 새에게 자유를 주어야 할까?
위험을 감수하더라도 자유로운 삶이 더 나을까,
제약이 따르더라도 안전한 삶이 더 나을까? 대가를
치르더라도 자유를 선택하는 것이 좋을까, 안락한
감옥 안에 머무는 편이 나을까?

문이 열린 새장 속 카나리아 이야기는 한 번쯤
들어봤을 것이다. 카나리아는 새장을 벗어나
한껏 들떠 하늘로 날아오르지만, 이내 두려움에
사로잡혀 결국 익숙한 작은 세계, 새장으로
돌아간다. 닭장 속 암탉은 또 어떤가. 몸을 겨우
돌릴 수 있을 정도로 좁은 닭장에서 살아가던

암탉은 닭장 문이 열리자 어리둥절해한다. 선뜻
바깥으로 나오지 못하고 몇 제곱미터 남짓한
좁디좁은 닭장 안, 건초 더미 위를 맴돌 뿐이다.
그러다가 조금씩, 서서히, 더 멀리 움직인다.
하지만 닭장 밖으로 나오기까지는 몇 주가 걸린다.
　새는 새장 안에 있는 것을 더 좋아한다는
말을 하려는 게 아니다. 너무 오랫동안 새장에
갇혀 지낸 새는 갑자기 자유가 주어지면 오히려
두려워한다는 얘기다. 낯선 세상을 마주하는 일은
두렵고 불안하다. 인간도 다르지 않다. 도시에서만
살아온 사람을 숲속 한가운데 떨어뜨려 놓으면
어떻게 될까? 아이든 어른이든 두려움에 떨며
"제발 집에 데려다 달라"고 울먹일 것이다. 시간의
자유가 주어질 때도 마찬가지다. 인생에서 진정한
자유를 누릴 수 있는 순간, 이를테면 휴가가
주어지거나 은퇴를 맞이했을 때, 어떤 이들은
오히려 당황하고 혼란스러워한다. 타인이 부과한
제약과 기준이 사라지고 온전히 자유로운 시간을

누릴 수 있게 되어도, 무엇을 하야 할지 몰라 막막해한다. 인간이 늘 자유를 갈망하는 것은 아니다. 진짜 자유가 주어지면, 우리는 혼자일 때도, 무리 속에 있을 때도 대개 불안감을 느낀다. 자유를 갈망하면서도 동시에 두려워하는 것이다.

모두가 철새처럼 창공을 훨훨 나는 자유를 꿈꾸는 것은 아니다. 철새는 하늘 높이 날아올라 머물던 곳을 뒤로하고 인간이 닿을 수 없는 곳까지 여행한다. 그래서 철새는 오랫동안 자유의 상징으로 여겨졌다. 반면 인간이 하늘을 날게 된 것은 그리 오래된 일이 아니다. 그마저도 기계의 도움이 있었기에 가능했다. 오랫동안 인간은 하늘을 나는 새를 그저 부러운 눈길로 바라볼 뿐, 새처럼 자유롭게 날 수 없었다. 스스로를 만물의 영장이라 부르면서도, 하늘에서는 새에게 한참 미치지 못한다는 사실이 어딘가 모순적으로 느껴지기도 한다. 어쨌든 인간은 언제나 자유롭게 비행하는 새를 동경했다. 그리고 마침내 하늘을 정복하는 데 성공했지만, 그렇게 되기까지 수많은 시행착오를 겪어야 했다.

우리는 자유를 누리는 데도, 타인의 자유를 존중하는 데도 서투르다. 요즘 아이들은 어린 새들보다 더 자유롭지 못하다. 어미 새는 새끼가 독립적으로 행동하며 스스로 날 수 있도록 옆에서 지켜보며 용기를 북돋는다. 반면 오늘날 많은 부모는 아이에게 무슨 일이 생길까 노심초사하며 끊임없이 간섭하고 통제한다. 그래서 요즘은 길에서 마음껏 뛰노는 아이들을 좀처럼 보기 어렵다. 연인이나 부부 관계에서도 마찬가지다. 상대가 누리는 자유는 그 형태가 어떻든 불안과 의심을 불러일으킨다. 이러한 경향은 특히 가족 안에서 더욱 두드러진다. 가족은 보이지 않는 규범과 기준이 지배하는 공간이며, 모든 구성원은 그 틀 안에서 살아가야 한다. 누군가 틀에서 벗어나는 행동을 한다면, 바로 질책받거나 소외되기 십상이다.

하지만 누군가를 억지로 붙잡아두려 할수록,
그는 점점 더 멀어지기 마련이다. 사춘기 자녀는
부모가 지나치게 간섭하면 거세게 반항하고,
의심 많은 남편에게 억압받는 아내는 결국
집을 나가버린다. 이외에도 가족 관계가 완전히
단절되는 경우를 종종 목격할 수 있다.

새들의 삶을 가만히 들여다보면, 흥미로운 사실
하나를 발견하게 된다. 암탉이나 비둘기는 굳이
가두지 않아도 자신이 사는 닭장이나 집에서
멀리 벗어나지 않는다. 이들은 날씨가 궂거나
위험을 감지하면 곧바로 집으로 돌아온다. 이들은
안식처에서 편안하게 물과 음식을 먹고, 원할
때는 언제든 자유롭게 나간다. 그렇게 하루하루를
보낸다.

자유를 누린다는 것은 반드시 어딘가를
떠나거나 벗어나는 것을 의미하지 않는다. 우리를
기다리는 따뜻하고 평온한 집이 있다면, 결국
그곳으로 돌아가게 마련이다. 그러므로 누군가를

가까이 두고 보살피는 가장 좋은 방법은 그가
언제든 돌아올 수 있는 아늑한 둥지를 마련하는
것이다. 가족이라는 둥지 안에서 안정감을
느끼면서도 필요할 때는 언제든 떠날 수 있는
자유가 어우러진 삶, 이것이 우리가 진정 원하는
삶이 아니겠는가?

자유분방한 사랑을
이해하는 일

이 작은 새는 의외로 방탕한 삶을 산다.

바람둥이 바위종다리 부부

"

수수한 깃털 옷을 입은 수도승 같은
이 작은 새는 의외로 방탕한 삶을 산다.

바람둥이 바위종다리 부부

정원 울타리는 새들의 작은 쉼터다. 겨울이면
많은 새가 그곳에 내려앉아 쉬다가 가까이에
놓인 모이통으로 날아가 배를 채운다. 새들은
요란스레 지저귀며 서로 먼저 먹겠다고 다툼을
벌이기도 한다. 그런데 울타리 아래, 땅 위에서
종종거리는 갈색 새가 있다. 이 자그마한 새는
어찌나 사뿐사뿐 걷는지, 좀처럼 눈에 띄지
않는다. 주로 울타리 밑을 조용히 걸어 다녀서
'덤불숲의 새'라고 불리기도 한다. 등은 갈색,
배는 어두운 회청색 깃털로 덮여 있어 무척
수수해 보인다. 게다가 주변 풍경에 자연스럽게
어우러져 잘 보이지도 않는다. 이 새의 존재를
알리는 것은 속삭이는 듯 지저귀는 소리뿐이다.

그러나 그마저도 귀를 기울이지 않으면 잘 들리지 않는다. 새에 대해 잘 아는 사람이 아니라면 그 작은 소리를 알아차리기란 쉽지 않다. 평범하기 그지없는 이 새는 바위종다리다. 화려한 깃털도, 아름다운 노랫소리도, 인간의 호기심을 자극할 만한 그 무엇도 가지고 있지 않다.

하지만 겉모습이 전부는 아니다. 겉보기에는 수도승 같지만 삶은 방탕하다. 새들이 일부일처로 살아간다는 오랜 믿음을 깨뜨린 것도 바로 바위종다리다. 이 새는 놀랍게도 일부다처와 일처다부를 동시에 실천한다. 겉보기에 바위종다리 부부는 함께 둥지를 짓고 서로 도우며 새끼를 기르는 듯하다. 그래서 최근 한 연구가 발표되기 전까지, 바위종다리는 늘 금슬 좋은 부부로 여겨졌다. 그러나 사실 바위종다리는 '쇼윈도 부부'다. 수컷은 '정식' 배우자가 있어도 자기 영역에 들어온 암컷과 주저 없이 짝짓기를 시도한다. 암컷 역시 마찬가지다. 이웃한 나무

울타리 너머의 수컷과 짝짓기를 하는가 하면,
때로는 먼저 다른 수컷을 유혹하기도 한다.
한없이 평화로워 보이는 정원 안에서 한 편의
막장 드라마가 매일같이 펼쳐지는 셈이다. 화려한
깃털도, 빼어난 노래 실력도 없는 이 새는 그런
평범함 덕분에 오히려 바람기를 교묘히 감출
수 있다. 겉으로는 얌전해 보이지만 실제로는
자유분방한 연애를 즐기는 사람과 비슷하다.

그러고 보면 세상에서 인간이 새롭게 창조한
것은 별로 없는 듯하다. 다양한 생물을 살펴보기만
해도 얼굴이 화끈거릴 만큼 다양한 성적 행태가
존재하니 말이다. 인간과 달리 동물은 본능을
숨기지 않는다.

바위종다리의 방탕한 삶에 관한 놀라운 사실은
이뿐만이 아니다. 여러 연구에 따르면, 암컷은
먹이를 쉽게 구할 수 있는 환경에서는 굳이 멀리
나가지 않고 좁은 영역 안에서 생활한다. 암컷이
모여 있으니 수컷은 짝을 선택할 기회가 많아지고,

그만큼 번식 성공률도 높아진다. 하지만 먹이를
구하기 어려운 상황이 되면 이야기가 달라진다.
암컷은 먹이를 찾아 먼 곳으로 이동하는데, 그
과정에서 여러 수컷을 만날 가능성이 커진다.
이때 암컷은 보통 두 마리의 수컷과 짝짓기를
하고, 그중 힘이 더 센 '알파 수컷'이 사실상 '남편'
역할을 하게 된다. 그런데 자연은 언제나 균형을
찾아가게 마련이어서, 먹이와 서식지가 안정되면
바위종다리는 다시 '전형적인' 일부일처의
삶으로 돌아간다. 그러므로 바위종다리의 방탕한
성생활은 단순한 본능이 아니라, 자연의 균형이
깨졌음을 보여주는 일종의 신호라 할 수 있다.

　바위종다리의 성생활에는 분명한 목적이 있다.
수컷 바위종다리는 우연히 만난 암컷과 교미하기
전에 암컷의 총배설강(배설과 생식 기능을 하는
기관)을 쫀다. 전희치고는 이상하다. 암컷도 좋아할
리 없다. 총배설강을 쪼는 건 암컷이 이전에
교미한 다른 수컷의 정자를 빼나기 위해서다.

계속되는 쪼임에 총배설강이 수축해 정액이
분출되면, 수컷은 그제야 암컷과 교미를 시작한다.
자신의 유전자를 남기기에 이보다 확실한 방법은
없을 듯하다. 이런 행동은 특히 알파 수컷에게서
자주 관찰된다. 알파 수컷은 가장 건강한 새끼를
얻으려고 할 뿐만 아니라, 새끼를 정성껏 돌봐
생존율을 높인다. 그래서 알파 수컷의 자손
번식률은 다른 개체보다 월등히 높다.

바위종다리의 이야기는 이렇게 끝날까? 반전은
지금부터다. 사실 짝짓기의 주도권은 암컷에게
있다. 수컷은 자신이 유일한 짝이라 철석같이
믿지만, 사실 암컷은 이전에 교미한 수컷의 정자를
몸속에 보관하고 있다. 암컷은 수컷을 교묘히
속인 채 아버지가 다른 새끼들을 한꺼번에 낳는다.
자연선택은 실로 절묘하게 작동한다.

바위종다리가 '다부다처'라는 번식 전략을
선택한 데는 분명한 이유가 있다. 더 많은 후손을
남기고 유전적 다양성을 극대화하기 위해서다.

덕분에 이 새는 스칸디나비아에서 북아프리카에
이르기까지 널리 퍼질 수 있었다.

그렇다면 인간도 바위종다리처럼 다부다처로
살아갈 수 있을까?

자유로운 성생활을 하는 이들은 여러 이성과
동시에 관계를 맺기도 한다. 인간과 새를
동일선상에서 비교할 수는 없다고? 그렇지
않을 수도 있다. 일부 과학자들은 남성의 성기
형태가 특정한 기능을 위해 진화했을 수도
있다는 가설을 제기한다. 귀두의 가장자리인
귀두관이 여성의 질 안에서 반복 운동을 할 때,
혹시 존재할지도 모르는 다른 남성의 정자를
밀어내는 기능을 한다는 것이다. 이 가설이
맞건 틀리건, 오래전부터 남성들은 여성의
생식 능력을 통제하기 위해 심리적으로 여성을
압박해왔다. 암컷의 총배설강을 쪼아대며
경쟁자의 정자를 제거하려는 수컷 바위종다리와
무엇이 다른가? 도덕적 엄숙주의, 사회적 압력

그리고 여자아이들에게 주입되는 '오직 하나뿐인 왕자님에 대한 환상', 이 모든 것이 그 연장선상에 있다. 중세 시대의 정조대나 일부 문화권에서 여전히 행해지는 여성 할례 같은 잔혹한 관습은 말할 것도 없다.

새들이 평생 단 하나의 짝만을 사랑하는 동물이라는 환상은 이제 버릴 때가 되었다. 물론 거위나 백조, 일부 맹금류처럼 일부일처제를 비교적 충실히 지키는 종도 있다. 그러나 실제로 암컷과 수컷의 관계는 훨씬 복잡하다. 일부일처와 일부다처 사이에는 다양한 형태의 짝짓기 전략이 존재하며, 이는 당시의 상황과 주변 환경, 짝의 존재 여부, 먹이 등 여러 요인에 따라 달라진다. 새들은 그저 주어진 조건에 따라 유연하게 '적응'할 뿐이다. 새들도 짝의 외도를 알게 되면 분노하거나 상심하는지는 알 수 없다. 새들도 부리로 상대를 쪼아대며 깃털이 날릴 정도로 싸움을 벌일까?

인간은 스스로 자유로운 성생활을 추구한다고
말하는 이들조차도 완전한 사랑에 대한 기대를
버리지 못해 상황을 복잡하게 만든다. 그런데
연인 관계에서 자유란 여러 파트너를 만나는 것을
의미하는 게 아니다. 한 사람에게 충실하면서도
얼마든지 자유로울 수 있다. 인간은 언제나 이상과
현실 사이에서 흔들린다. 어떤 방식의 육체적
사랑을 택하든 결국 무언가는 포기해야 한다. 어떤
사람은 백조처럼, 어떤 사람은 바위종다리처럼
사랑할 것이다. 복잡한 상황을 피하고 싶다면 결국
자신과 같은 '종'을 만나는 수밖에 없다.

두려움을 넘어서는 호기심

"

기꺼이 위험을 감수하는 일은
때로 생존에 도움이 된다.

배짱 좋은 꼬까울새

알에서 나와 죽음을 맞을 때까지 새들은 결코
안전하지 않다. 하늘을 날 때도, 먹이를 구할 때도,
짝짓기를 하고 알을 낳을 때도, 새끼를 키울 때도
위험이 따른다. 하지만 위험을 무릅쓰지 않고는
삶을 이어갈 수 없다. 그래서 일부 호기심 많은
새들은 먹이가 풍부한 곳이나 둥지를 틀기에
적당한 곳, 혹은 잠시 쉬어가기에 좋은 곳을 찾아
담대하게 낯선 곳으로 향한다. 시도하지 않으면
아무것도 얻을 수 없다. 동물, 특히 새들에게
호기심은 고도의 적응 전략이자 생존 수단이다.
  정원에 자주 모습을 드러내는, 특히 서유럽에서
배짱 좋기로 소문난 꼬까울새를 살펴보자.
꼬까울새는 의자나 삽 또는 사람이 사용하는

물건 어디에든 거리낌 없이 내려앉고, 사람에게
아주 가까이 다가온다. 정원에서 일하는 사람을
따라다니기도 한다. 고개를 갸웃거리며 호기심
어린 눈빛으로 사람을 빤히 쳐다보는 듯하다.
정원사가 갈퀴질을 하다 지렁이를 파내기라도
하면 꼬까울새는 재빨리 날아들어 지렁이를
낚아채 맛있게 먹는다. 그러고는 주황빛 가슴을
활짝 펴고 지렁이가 또 나오기를 태연하게
기다린다. 인간을 조금도 두려워하지 않는다.

　본래 꼬까울새는 마을에서 떨어진 숲에서 산다.
사슴이나 멧돼지 같은 포유류가 풀을 뜯거나 땅을
파헤칠 때 그 뒤를 따라다니는 것으로 유명하다.
커다란 동물들의 발치에서 알짱거리고, 그들이
코나 발굽으로 흙을 파헤치는 걸 지켜보다가
벌레라도 나오면 잽싸게 잡아먹는다.

　꼬까울새는 숲에 살긴 하지만, 숲 가장자리에도
종종 모습을 드러낸다. 그러다 사람에게도
호기심을 느끼고, 정원까지 따라 들어오게 된

것일 테다. 꼬까울새가 사람을 두려워하지 않은
덕분에 영국에서는 크리스마스카드에 등장할 만큼
사랑받는 새가 되었다. 겨울마다 새들에게 먹이를
주는 영국인들의 습관도 꼬까울새의 경계심을
누그러뜨리는 데 일조했다. 하지만 그 대가로
꼬까울새는 고양이들의 가장 쉬운 먹잇감이 되고
말았다. (그러나 밀렵꾼에게 자주 쫓기는 남유럽의
꼬까울새나, 깊은 숲에서만 살아가는 동유럽의
꼬까울새는 여전히 인간을 경계한다.)

어쨌든 꼬까울새는 호기심 덕분에 먹이를
풍부하게 확보하고 새로운 서식지를 개척할 수
있었다. 겨울철에는 아무래도 황량한 숲보다 도시
정원에서 지내는 편이 생존에 훨씬 유리할 것이다.
그 시기 도시에서 사는 꼬까울새의 생존율이 숲속
개체보다 훨씬 높다는 사실이 디를 뒷받침한다.

어떤 새들은 타고난 호기심 덕분에 인간과
가까워졌다. 누구나 한 번쯤은 파리의 참새,
런던의 박새 혹은 미국 국립공원의 어치가 사람

손에 있는 모이를 쪼아 먹는 사진을 본 적이 있을
것이다. 이 새들은 본래 야생에서 살아가지만,
여간해서는 인간을 두려워하지 않는다. 그래서
종종 공원 벤치나 피크닉 장소에서 식사하는
사람들을 지켜보다가 그들이 떠나면 땅에 떨어진
음식 부스러기를 주워 먹는다. 더 대담한 새는
사람들이 그 자리에 있는데도 스스럼없이 다가가
사람이 내민 음식을 재빨리 낚아챈다. 심지어 어떤
새는 테이블 위까지 올라와 사람 손에 있는 모이를
쪼아 먹기도 한다.

　기꺼이 위험을 감수하는 것은 때로 생존에
도움이 된다. 실제로 많은 새는 잠재적 포식자를
몰아내기 위해 위험을 무릅쓴다. 먼저 한 개체가
포식자에게 다가가 경고음을 내면, 다른 개체들이
하나둘 모여들어 힘을 보탠다. 그러면 포식자는
무리의 기세에 눌려 결국 그 자리를 뜨고 만다.
우리는 가끔 새들이 다가오는 모습에 놀라곤 한다.
새들은 마치 '저 존재는 대체 뭘까?' 하는 호기심

어린 눈으로 다가오다가 이내 숲속이나 습지
깊숙이 날아가버린다. 우리가 잠재적 포식자인지
아닌지를 확인하기 위해 다가오는 것인지도
모른다. 인간이 모든 동물에게 친절하다면,
동물들과 형제처럼 지낼 수 있지 않을까? 실제로
포르투갈령 마데이라제도에는 '베르텔로의
종달새'(프랑스 자연학자 사빈 버르텔로 Sabin Berthelot를
기리기 위해 그의 이름을 붙였다—역주)라는 작은
새가 사는데, 인간을 조금도 두려워하지 않는다.
아무도 사냥을 하지 않기 때문이다. 그래서 이
새는 사람을 보면 신발이나 무릎에 앉아 빵
부스러기를 낚아채며 호기심 가득한 시선을
던진다.

그러므로 호기심은 결코 '쓸데없는 것'이
아니다. 호기심은 최악의 상황을 피하고, 때로는
커다란 이로움을 얻을 수 있는 자연스러운
본능이다. 지금까지 수많은 생명체가 살아남을
수 있었던 이유 중 하나도 바로 호기심이다.

진화의 무기들 가운데 호기심은 가장 강력하고 가장 자연스러운 것이다. 우리도 호기심 덕분에 새로운 대륙을 발견했고, 달에 발을 내디뎠으며, 질병의 치료법을 찾아냈다. 인류의 모든 발전과 진보의 중심에는 언제나 호기심이 있었다. 그러니 언젠가 울타리에 앉은 꼬까울새가 우리를 빤히 쳐다본다면, 호기심의 가치를 한 번쯤 떠올려봐도 좋을 것이다.

여행을 통해 찾고자 하는 것

지구상에서 가장 먼 거리를 이동하는 새, 북극제비갈매기

지구상에서 가장 먼 거리를 이동하는 새, 북극제비갈매기

계절에 따라 먼 거리를 이동하는 철새의 삶은
여행 그 자체라 해도 과언이 아니다. 철새는 왜
어느 날 아침 새로운 지평선을 향해 떠났다가, 몇
달 후 다시 돌아오는 것일까?

날아가는 저 새들을 보라!
길들여지지 않은 저 새들을.
갈망하는 곳으로 나아가는 저 새들,
산을 넘고, 숲을 지나, 바다와 바람을 건너,
어디에도 얽매이지 않는다네.
저들이 마시는 공기,
우리의 가슴마저 벅차오르게 하네.

시인 장 리슈팽Jean Richepin은 이렇게 철새들을
칭송했고, 후에 가수 조르주 브라상Georges Brassen이
이 시에 곡을 붙였다. 우리가 상상하는 것보다
훨씬 더 먼 곳까지 날아가는 자유롭고 강인한 이
여행자들을 어찌 동경하지 않을 수 있겠는가?
북극제비갈매기는 여행자의 대표격이라 할 수
있다. 이름에서 짐작할 수 있듯, 북극제비갈매기는
시베리아에서 북유럽, 북미에 이르기까지 북극
고위도 지역에서 번식한다. 그리고 여름이 끝나면
번식지를 떠나 남극과 아남극(남극 바로 북쪽에 있는
남반구 지역)의 바다로 이동해, 그곳에서 유랑하며
겨울을 보낸다. 가는 데 1만 2천 킬로미터,
돌아오는 데 1만 2천 킬로미터, 여기에 여섯 달
동안의 유랑까지 더하면, 1년 동안 무려 9만
킬로미터를 비행한다. 기대수명이 20년이라고
치면, 평생 동안 지구에서 달까지의 거리를 네 번
이상 왕복하는 셈이다.

북극제비갈매기는 지구상에서 햇빛을 가장 오래

누리는 새이기도 하다. 북극에서 여름을 보낼 때는 백야가 이어지고, 그 시기가 끝날 무렵 남극으로 이동하면 다시 낮이 긴 여름이 시작되기 때문이다. 이렇게 남극과 북극을 오가는 북극제비갈매기가 아는 세상은 끝없이 펼쳐진 푸른 바다와 새하얀 설원뿐이다. 툰드라에 머물며 초록빛 풀밭과 알록달록한 꽃들 사이에서 쉬기도 하지만, 그건 고작 몇 주에 불과하다.

끝나지 않는 휴가를 즐기듯 북극제비갈매기는 빛을 쫓아 계속 여행을 떠난다.

그렇다면 이 새는 왜 그렇게 멀리 여행을 떠나는 걸까? 온화한 기후가 이어지는 유럽의 해안이나 서아프리카 해안에 머물 수도 있을 텐데 말이다. 기어이 파도가 사납기로 유명한 '포효하는 남위 40도대'로 향하고, 남극 대륙을 돌아 다시 북극으로의 여정을 이어간다. 지구상 생명체의 여정 중 가장 긴 것으로 알려진 이 여행의 정확한 이유는 아직 밝혀지지 않았다. 다만 최근 연구에 따르면, 플랑크톤이 풍부해 먹이를 얻기 쉬운 해역을 따라 이동하는 것으로 보인다. 그 외에는 수천 년에 걸친 진화가 만들어낸 결과라고 추측할 뿐이다.

그런데 그 이유를 꼭 알아야 할까? 그것은 그리 중요한 문제가 아닐지도 모른다. 우리도 철새처럼 '휴가'라는 이름으로 계절에 따라 여행을 떠나지 않는가? 시간적, 경제적 여유가 있는 사람들은 1년에 두 번, 아니 그보다 더 자주 여행을 떠나기도 한다.

그렇다면 우리는 왜 안락한 집을 두고 멀리 떠나고 싶어 하는 걸까? 기분 전환을 위해서, 새로운 도시와 세상을 경험하고 싶어서, 낯선 환경과 문화에 스며들고 싶어서. 아니면 단조로운 일상에서 벗어나고 싶어서…. 그 이유는 다양하다.

그런데 인간이든 새든 늘 어딘가로 떠나고 싶어 하는 유형이 있는가 하면, 한곳에 머무르기를 좋아하는 유형도 있다. 누군가는 너른 바다의

유혹에 이끌리고, 누군가는 편안한 집 안을
벗어나기 싫어한다. 리슈팽의 시 구절처럼 '푸른
하늘을 갈망하는 자'가 있는가 하면, 평온한
일상에 머물기를 바라는 자도 있다. 올빼미는
알에서 나와 죽을 때까지 숲에서 평생을 보내고,
유럽칼새나 제비는 둥지를 벗어나자마자 여행을
떠난다.

어린 시절부터 부모와 함께 세상 곳곳을
경험한 아이는 여행을 사랑하는 사람으로 성장할
가능성이 크다. 많이 보고 경험할수록 더 많은
것을 알고 싶어지는 법이다. 이런 아이들은 자라서
시리아 사막, 캅카스 산맥, 브라질 정글처럼 어린
시절 지도책에서만 보았던, 결코 닿을 수 없을 것
같던 외딴 곳들을 직접 밟아보려 할 것이다.

새들에게도 인간에게도 똑같이 적용되는
격언이 있다. 바로 "여행은 청춘을 성장시킨다"는
말이다. 새끼 북극제비갈매기는 부모와 첫
여행을 하며 앞으로 혼자 감당해야 할 긴 여정을

자연스럽게 배우고 익힌다. 인간 역시 어릴 적
지도책을 넘기거나 해외 다큐멘터리를 보면서,
또는 부모와 함께 여행을 하면서 자연스레
여행의 세계에 발을 들여놓는다. 여행하며
우리는 조금씩 변화한다. 세상을 다른 눈으로
바라보게 되고, 편협한 사고에서 벗어나며,
타인을 배척하거나 두려워하고 미워하는 마음을
조금씩 누그러뜨린다. 또한 기나긴 비행 동안
끊임없이 울음소리를 주고받으며 서로를 북돋는
철새들처럼, 연대의 가치도 깨닫게 된다.

　여행을 마치고 돌아왔을 때, 우리는 결코
예전과 같은 사람이 아니다. 여행지에 우리의
일부를 남기고, 그만큼 무언가를 얻어서 돌아오기
때문이다. 또한 낯선 이들과 부대끼며 익숙하지
않은 생활 방식과 환경을 받아들이는 법을 배운다.
무엇보다 자기 자신에 대해 더 많은 것을 알게
된다. 부족한 잠, 불편한 생활, 낯선 환경으로
인내심의 한계를 마주하다 보면 평소 스스로를

가리고 있던 가면이 저절로 벗겨지기 때문이다. 그렇다면 여행은 자신을 있는 그대로 바라볼 수 있는 가장 좋은 방법이 아닐까? 우리가 여행을 통해 진정으로 찾고자 하는 것은 어쩌면 자신의 '진짜 모습'인지도 모른다.

서열과 권력, 만족의 상관관계

독수리와 까마귀의 먹이 싸움

독수리와 까마귀의 먹이 싸움

피레네 산맥의 한 목초지에 암소 한 마리가 죽어
있다. 커다란 까마귀 두세 마리가 한동안 맴돌더니
서서히 사체 곁으로 내려와 내장을 쪼기 시작한다.
그런데 얼마 지나지 않아 그리폰독수리가 거대한
날개로 압도적인 위용을 뽐내며 나타난다.
독수리는 몸집을 더 크게 보이려 날개를 활짝
펼친 채 죽은 암소를 향해 어슬렁거리며 다가간다.
겁먹은 까마귀들은 순식간에 흩어진다. 잠시 후
다른 독수리들이 하나둘 내려앉는다. 독수리들은
날개와 부리의 크기, 울음소리의 굵기로 서열을
정한 뒤, 각자의 위치에 선다. 방금 전까지만
해도 내장을 마음껏 쪼아 먹던 독수리도 뒤로
물러나 자신의 차례를 기다려야 한다. 그런데 잠시

뒤 상황은 또 바뀐다. 여우가 날카로운 이빨을
번뜩이며 나타난 것이다. 새들은 일제히 물러나
여우가 배불리 먹을 때까지 기다린다.

가장 힘센 동물이 배를 채우그 나면, 그제야
'그보다 약한 동물'에게, 그리고 맨 마지막으로
'가장 힘없는 동물'에게 기회가 돌아간다.
까마귀들은 이 연회의 잔반 처리자인 셈이지만,
급하게 먹어치워야 하는 '강자'들에 비해 제법
느긋하게 식사를 즐길 수 있다. 이만하면 기다린
보람이 있지 않은가?

완전히 다른 환경인 습지에서도 비슷한
일이 벌어진다. 물가를 거닐며 먹이를 찾는
목도리도요는 타고난 싸움꾼이다. 적어도
수컷들은 그렇다. 봄이 막 시작될 무렵, 목 주변에
붉은색, 검은색, 회색 그리고 약간의 흰색이
어우러진 화려한 깃털을 갖춘 수컷 목도리도요는
'원형 경기장'을 방불케 하는 탁 트인 공간에서
암컷을 차지하기 위해 하루 종읕 싸움을 벌인다.

그러나 암컷들은 수컷들의 격렬한 싸움에 별
관심이 없다. 그저 주변에서 부지런히 먹이를 찾을
뿐이다. 이때 암컷들 곁에 있는 것은 가장 힘센
‘알파 수컷’에게 밀린 ‘베타 수컷’이다. 수수한
흰색 깃털을 가진 베타 수컷들은 알파 수컷들이
깃털을 부풀리며 격렬하게 싸우는 걸 구경한다.
하지만 그게 다가 아니다. 알파 수컷들이 싸움에
정신이 팔려 있는 사이, 암컷에게 슬그머니 다가가
짝짓기를 시도한다.

　우리는 일상에서 자신의 체력이나 정신력을
과시하며 주변 사람들을 압도하려 하는 이들을
종종 본다. 정치적, 지적, 직업적, 사회적 지위를
막론하고 이들은 우리가 인정할 때만 권력을
행사할 수 있다. 그런데 한번 거리를 두고 그들을
바라보자. 진정한 행복이 무엇인지도 모른 채
세상의 인정을 받으려 애쓰는 사람들을 말이다.
어쩌면 치열한 경쟁에서 얼마쯤 벗어난 우리 삶이
더 행복한지도 모른다. 암탉들도 그렇다. ‘가장

힘센' 암탉은 자기 힘을 과시하는 데 몰두하느라
정작 '힘없는' 닭들이 먹이를 먹어치우는 것도
모른다. 느긋하고 배불리 식사를 즐기는 건 평범한
암탉들이다.

　권력을 손에 쥔다고 해서 정말로 무언가를
지배할 수 있을까? 사실 진짜 권력은 한발 물러나
뒤에서 조용히 판을 움직이는 이들에게 있는
것은 아닐까? 서열은 일종의 게임이다. 정상에
오르기까지는 오랜 시간이 걸리지만 그 자리에
머물 수 있는 시간은 그리 길지 않다. 동물의
세계도 다르지 않다. 조류든 포유류든 힘센
수컷은 서열의 정상을 차지하기 위해 치열한
싸움을 벌이지만, 그 자리에 오르기까지 너무
많은 에너지를 소진한 탓에 정상에서 오래 버티지
못하고 결국 다른 수컷에게 그 자리를 내주고
만다. 타인에게 인정받기 위해, 오래도록 갈망해온
권력의 정점에 오르기 위해, 목표를 이루는 데만
몰두하다 보면 어느새 자신을 잃고 만다. 높은

곳으로 올라갈수록 작은 것들을 놓치게 되고
삶의 소박한 행복은 점점 보이지 않게 된다.
정치 지도자, 연예계 스타, 대기업 CEO들은 과연
화려해 보이는 만큼 행복할까? 지금은 정상에서
영광을 누리고 있을지 몰라도, 언제든 또 다른
'여우'가 나타나 그 자리를 빼앗거나 '베타 수컷'이
등장해 판을 뒤흔들 수 있다.

애정 관계에서는 어떨까? 그나마 새들의
세계에서는 알파 수컷이 여전히 암컷을 차지할
수 있지만 인간 사회는 다르다. 오늘날 독립적인
여성들은 누구와 함께할지, 어떤 인생을 살지
스스로 결정한다. 그렇다면 첫 만남 이후 떠날
가능성이 높은 알파 수컷을 굳이 선택할 이유가
있을까? 한 연구에 따르면, 베타 수컷은 알파
수컷보다 안정적으로 짝을 돌보고 세심하게
배려한다. 자신에게 선택의 기회가 많지 않다는
사실을 잘 알기 때문일 것이다. 일부 새들은 이런
사실을 본능적으로 안다. 실제로 작은 섭금류인

민물도요 암컷은 대체로 덩치 큰 수컷보다
작은 수컷을 선택한다. 움직임이 둔해 포식자의
위협에 재빠르게 대응하지 못하는 큰 수컷보다
민첩한 작은 수컷이 영역과 새끼를 더 잘 지키기
때문이다. 그렇다면 알파 수컷과 베타 수컷 중
어느 쪽을 선택하는 것이 좋을까? 정답은 없다.
중요한 것은 자신에게 맞는 짝을 선택하는 것이다.

단순하고 소박한 삶이 주는 행복

바닷바람 속 갈매기와 물웅덩이 속 찌르레기

바닷바람 속 갈매기와 물웅덩이 속 찌르레기

프랑스 북서부 모르비앙. 거선 바람에 머리칼이 휘날리고 모자가 날아간다. 차가운 공기에 뺨은 점점 붉게 달아오른다. 하지만 항구의 갈매기들은 오히려 즐거워 보인다. 빙글빙글 돌고 미끄러지듯 활공하다가 갑자기 방향을 틀어 하늘로 솟구친다. 그들의 곡예에는 특별한 목적이 없는 듯하다. 그저 서로 어울려 노는 것만 같다. 새들에게 행복이란, 이렇게 바람에 몸을 맡기고 마음껏 비행하는 것인 모양이다.

프랑스 중남부 캉탈. 9월 중순, 해질 무렵의 따뜻하고 온화한 공기 속에서 석양빛이 서서히 길 위로 번진다. 고요하던 풍경 속 갑자기 길 한가운데서 물이 사방으로 튀기기 시작한다.

마치 고장 난 스프링클러가 불쑥 켜진 듯, 수천
개의 물방울이 햇빛에 반짝이며 흩어진다.
물방울의 주인공은 바로 작은 웅덩이에서
목욕을 즐기는 찌르레기 수십 마리다. 서로
뒤섞여 날개를 파닥이며 물을 튀기는 모습에
절로 미소가 지어진다. 조금 전까지만 해도
고요히 하늘을 비추던 자그마한 웅덩이는 어느새
새들의 목욕탕이 되었다. 물을 다 퍼낼 듯 신나게
물장구치는 새들은 수영장에서 노는 어린아이들
같다. 찌르레기들에게 행복이란, 이렇게 친구들과
함께 신나게 목욕하는 것이다.

흰점찌르레기와 갈매기, 햇볕을 쬐고 있는
유럽멧비둘기, 굵은 지렁이를 삼키고 만족스럽게
담장에서 으스대는 개똥지빠귀, 한쪽 다리로
서서 눈을 반쯤 감은 채 깃털을 부풀리고 있는
왜가리까지, 새들은 행복과 즐거움, 평온함과
여유가 깃든 순간들을 우리에게 보여준다.
새들에게 '행복'이란 무엇일까? 배불리 먹는

것? 포식자의 위협 없이 안전하게 살아가는 것?
그들에게 행복이란 고통이 없는 상태다. 우리와
크게 다르지 않다.

그렇다면 우울해하는 새도 있을까?
비관적이거나 신경질적인 새는? 자연에서 그런
새들을 찾아보기는 어렵다. 설령 그런 새가 있다고
해도 그 상태가 오래가지는 않을 것이다. 지나간
과거를 곱씹거나 다가올 미래를 염려하며 우울과
불안을 느끼는 우리와 달리, 새들은 오직 '지금 이
순간'만을 살아가니 말이다.

물론 새들도 때로는 괴로움에 빠진다. 금슬
좋게 지내던 짝을 잃었을 때, 둥지가 망가져 알이
깨지거나 새끼가 죽었을 때 새들도 슬퍼한다.
하지만 새들이 느끼는 감정이 정확히 무엇인지, 그
감정이 얼마나 오래 지속되는지는 알 수 없다.

새장에 갇혀 열악한 환경에서 지내는 새들은
눈에 띄게 쇠약해지거나 깃털이 푸석해지는
등 '우울'의 징후를 보인다. 심한 경우

죽음에 이르기도 한다. 어떤 새들은 포획되면
극도로 예민해져 스트레스를 견디지 못해
죽는다(중앙아메리카에 서식하는 케찰이나 물수리가
그렇다). 반면 어떤 새들은 열악한 환경에서도
번식하고(동물은 대체로 스트레스를 받으면 번식하지
않는다), 심지어 야생에서보다 더 오래 살기도
한다(지속적인 스트레스는 대개 수명을 단축시킨다).
따라서 자유가 제한되더라도, 충분한 먹이와
신선한 물이 제공되고 안정적으로 돌봄을 받으며
포식자의 위협에서 벗어나 '스트레스' 없이 지낼
수 있다면, 새들은 비교적 잘 지낼 수 있다.

 진정한 행복이 무엇인지 아는 것은 결코
쉽지 않다. 그렇다면 행복을 어떻게 정의할 수
있을까? 많은 철학자가 행복의 의미를 밝히려
했고, 그중 대부분은 행복해지기 위해서는 지혜를
익히고 중용을 지켜야 한다고 말했다. 그렇다면
새들은 욕망을 절제하고 소소한 행복에 만족하며
불필요한 고통을 피하는 에피쿠로스적 삶을

살아갈까? 야생의 새들은 필요한 만큼만 먹고 자연스럽게 절제하며 살아가니, 그렇다고 할 수 있다.

물론 예외는 있다. 개똥지빠귀들은 절제와는 거리가 멀다. 이들은 가을이 되면 잘 익은 열매를 잔뜩 먹고는 고주망태가 된다. 그야말로 새들의 세계에서 손꼽히는 '주당'이라 할 만하다. 발효주나 다름없는 열매를 정신없이 먹고 만취한 채 갈지자로 하늘을 나는 모습은 혼자 보기 아까울 정도다. 이들의 삶은 에피쿠로스적 삶보다는 작가 프랑수아 라블레François Rabelais가 소설 《가르강튀아》에서 묘사한 주인공 거인의 삶에 더 가깝다. 즐길 수 있는 건 그 순간 최대한 즐기는 삶 말이다.

가만히 생각해보면 새들은 쾌락주의자라 할 수 있다. 그들은 궁극적으로 즐거운 삶을 추구한다. 쾌락을 좇고 고통을 피하며 기회가 생길 때마다 맛있는 먹이를 마음껏 즐긴다.

반면 새들에게 전혀 어울리지 않는 삶이 있다면,
그것은 바로 스토아적 삶일 것이다. 본능에 충실한
새들은 스스로 욕망을 억제하는 일에 관심이 없다.

새들은 '행복이란 무엇인지' 고민하지 않는다.
그저 행복을 느낄 뿐이다. 모든 일이 순조롭게
흘러갈 때, 새들은 마냥 행복하다. 쓸데없는
걱정에 얽매이지 않고, 지금 이 순간을 만끽하는
것, 행복은 바로 거기에서부터 시작되는 것이
아닐까?

섣불리 판단하지 않는
겸손함이 곧 지능

도구를 만들고 전략을 짜는 영리한 까마귀

"

이 세상의 모든 생명체는
각자 자신의 삶을 유지하는 데
필요한 능력을 갖추고 있다.

도구를 만들고 전략을 짜는 영리한 까마귀

우리는 자신의 지적 능력에 스스로 감탄하며,
지구상의 모든 생명체 중 인간이 가장 우월하다고
믿는다. 그래서 다른 동물들 역시 지능을 기준으로
평가하려 든다. 실제로 우리는 '영리하다'고
알려진 동물들(개, 돌고래, 대형 유인원 등)은
높이 평가하고, '멍청하다'고 알려진 동물들은
멸시한다. 새나 물고기도 (몇몇 예외가 있기는
하지만) 대체로 '멍청한' 동물로 취급한다. 그러나
이는 사실과 다르다. 게다가 어떤 종이나 개체가
다른 종이나 개체보다 '더 똑똑하다'는 것을
밝히는 일이 과연 그렇게 중요할까?

지적 능력은 정의하기가 생각보다 쉽지 않다.
흔히 접하는 지능지수(IQ) 테스트로는 사실

인간의 다양한 능력과 특성을 온전히 평가할
수 없다. 불멸의 화가 빈센트 반 고흐가 IQ
테스트를 했다면 높은 점수를 받을 수 있었을까?
시인 기욤 아폴리네르는 어땠을까? 예술가들은
IQ 테스트로는 측정할 수 없는 지성을 지녔다.
지성에서 중요한 건 이해하는 능력이다. 그런데
무엇을 이해해야 할까? 엔진의 작동 원리, 아니면
세상의 아름다움? 유체역학, 아니면 마주한
사람의 감정? 수학 문제를 푸는 능력이 시를
짓는 능력보다 더 뛰어나다고 말할 수 있을까?
색을 조화롭게 다루는 화가나 바이올린을
유려하게 연주하는 음악가보다 체스 챔피언이
더 '똑똑하다'고 말할 수 있을까? 지적 능력의
정의는 그 기준을 정하는 사람에 따라 달라진다.
실제로 지성은 다양한 방식으로 드러난다. 그래서
오늘날에는 감성지수(EQ)가 더 주목받고 있다.
EQ는 타인과 조화롭게 관계를 맺으며 살아가는
데 필요한 능력으로, EQ가 높은 사람은 타인의

감정을 존중할 줄 알고, 인간관계가 원만하며,
낯선 상황에도 유연하게 대처한다.

그렇다면 새들의 지능은 어떻게 드러날까?
여기서 먼저 짚고 넘어가야 할 것이 있다. 지능과
진화를 혼동해서는 안 된다는 점이다. 예컨대
도시에 사는 노랑배박새는 시골에 사는 개체보다
더 크게 운다. 소음 때문에 자기 목소리가 잘
전달되지 않기 때문이다. 이는 환경 변화에 따른
진화의 결과이지, 지능으로 터득한 방법은 아니다.

어쨌든 새들은 멍청하지 않다. 아메리카
대륙에 사는 작은 벌새는 꽃에서 꿀을 모으는
것보다 모이통에 담긴 설탕물을 먹는 것이 훨씬
편하다는 사실을 금세 알아챈다. 그래서 벌새의
먹이 탐색 능력을 퇴화시키지 않으려면 설탕물은
아주 가끔씩만 주는 편이 좋다. 또 최근의 한
연구에서는 도심의 천덕꾸러기인 비둘기가 시공간
개념을 이해한다는 놀라운 사실이 밝혀지기도
했다.

동물 중에서도 지능이 높기로 유명한 까마귓과 새들은 어떨까? 까마귓과에 속하는 새로는 까마귀, 갈까마귀, 큰까마귀, 까치, 어치 등이 있는데, 특히 어치는 선견지명이 있는 것으로 유명하다. 어치는 가을이면 씨앗과 열매를 잔뜩 모아 이곳저곳에 숨겨둔다. 겨울철 먹이가 부족할 때를 대비하는 것이다. 하지만 하도 여기저기 숨기다 보니 자신이 어디에 먹이를 뒀는지 잊어버리기도 한다. 그렇게 숲에 흩어진 씨앗은 다른 동물들의 먹이가 되기도 하고, 나무로 자라 숲을 더욱 풍성하게 만들기도 한다. 게다가 어치는 무척 영리해서 먹이를 숨기던 중 다른 새가 자신을 지켜보고 있다는 낌새를 느끼면 곧바로 딴청을 부리며 염탐꾼을 속인다. 까마귀도 이와 비슷한 속임수를 쓸 줄 안다.

까마귓과 새들은 수많은 연구의 대상이 되어왔고, 이들의 지능이 상당히 높다는 사실이 밝혀졌다. 야생에서 살아가는 일부 큰까마귀는 닿기 어려운 곳에 있는 먹이를 얻기 위해

침팬지처럼 나뭇가지나 얇은 막대를 도구로
사용한다. 심지어 뉴칼레도니아까마귀는
단순히 나뭇가지를 이용하는 데 그치지 않고,
그것을 구부려 갈고리를 만든다. 실험실에서는
갈까마귀가 먹이를 더 쉽게 꺼내기 위해 작은
철사를 구부려 사용하는 모습이 관찰되기도 했다.

도시에 사는 일부 갈까마귀는 주변 환경을
상당히 영리하게 활용한다. 신호등과 자동차를
이용해 단단한 견과류 껍질을 깔 정도다! 방법은
이렇다. 빨간불에 자동차가 멈춰 서는 지점에
견과류를 떨어뜨리고, 초록불로 바뀌어 자동차가
견과류를 밟고 지나가기를 기다린다. 그리고 다시
빨간불이 되어 자동차가 멈추면 으깨진 견과류를
재빨리 먹고, 초록불이 켜지기 전에 자리를 뜬다.

또 다른 연구에 따르면, 큰까마귀는 동료에게
도구를 만드는 방법이나 특정 전략을 가르쳐줄
수도 있다. 즉, 어느 정도 지식을 전수할 수
있다는 말이다. 이러한 지식 전달 능력은 대형

유인원에게서도 관찰되는데, 불과 얼마 전까지만 해도 인간의 고유한 능력으로 여겨졌다.

마지막으로 까치를 대상으로 한 흥미로운 연구를 살펴보자. 한 연구팀이 까치의 인지 능력을 확인하기 위해 까치의 이마에 붉은 점을 찍고 거울을 보여주었다. 결과는 어땠을까? 까치는 그 점을 지우려는 듯한 행동을 보였다. 자신의 모습을 인식한 것이다. 까치를 비롯해 까마귀, 앵무새 등 일부 새가 거울에 비친 자신의 모습을 알아본다. 반면 인간은 생후 18개월이 지나야 비로소 거울 속 자신을 인식한다.

다시 한번 말하지만 새들은 결코 멍청하지 않다. 인지 능력과 자기 인식 능력은 인간의 전유물이 아니다. 우리는 오랫동안 뇌가 큰 종이나 개체가 더 우월하다고 믿어왔다. 새들은 이러한 믿음이 잘못되었음을 명백하게 보여준다. 실제로 큰까마귀의 뇌는 원숭이나 코끼리에 비해 매우 작다. 하지만 정보 처리와 학습 능력에 중요한 시냅스는 다른 포유류보다 두 배나 많다. 이는 뇌 크기가 지능과는 아무 상관이 없다는 증거다.

인간은 우리와 다른 것을 무턱대고 열등하다고 평가하는 경향이 있다. 심지어 어떤 이들은 타인이 자신보다 열등하다는 '증거'를 찾는 데 골몰한다. 이러한 태도로 동물 역시 열등한 존재로 여겨왔고, 동물을 뜻하는 프랑스어 'bête'는 '바보'나 '멍청이'처럼 상대를 낮잡아 부르는 말로도 쓰이게 됐다.

모든 것을 평가하고 서열화하려는 인간은 동물의 인지 능력을 평가할 때조차 지나치게 '인간 중심적' 기준을 적용한다. 우리가 동물의 지능을 제대로 파악할 수 없는 이유가 바로 여기에 있다.

물론 인간의 인지 능력은 타의 추종을 불허한다. 하지만 이 세상의 모든 생명체는 각자 자신의 삶을 유지하는 데 필요한 능력을 갖추고 있다. 새들은 길을 잃지 않고 먼 거리를 이동할 수 있고, 포식자를 재빨리 감지할 수 있으며, 울창한 숲에서 먹이를 찾아낼 수 있다. 이런 면에서는 오히려 새들이 인간보다 뛰어나다고 볼 수 있다. 벌새가 포커 게임을 할 줄 모른다고 해서 그것이 무슨 문제가 되겠는가?

그러니 이제부터라도 조금 더 겸손한 마음과 호기심 어린 시선으로 까마귀와 어치 그리고 그들의 친구들을 바라보자. 그러면 여전히 동물에게 배워야 할 점이 많다는 사실을 깨닫게 될 것이다. 또한 새들을 관찰하며 언어와 추상적 사고, 욕망과 두려움, 다양한 의도와 상상력이 어떻게 생겨나는지를 이해할 수 있을 것이다. 실제로 까마귀는 도구를 만들고, 상황에 맞게 전략을 세울 줄 안다. 이 단순한 사실만으로도 까마귀는 동물의 세계에서 특별한 위치를 차지하며, 인간에게 한층 더 친근하게 다가온다. 무려 2,600년 전, 현자 이솝은 깊은 항아리에 담긴 물을 마시기 위해 돌멩이를 하나씩 떨어뜨려 수위를 높인 까마귀 이야기를 전했다.

동물의 지능이나 감수성을 함부로 평가하는 인간의 오만은 프랑스 인류학자 클로드 레비스트로스Claude Lévi-Strauss의 말을 떠올리게 한다. 그는 《슬픈 열대Tristes Tropiques》에서 서로를 평가하는 인간에 대해 이렇게 썼다. "백인 정복자들은 인디언들을 짐승이라 여겼지만, 인디언들은 백인들이 신이 아닐까 의심했다. 두 집단 모두 서로에게 무지했지만, 타인을 신으로 여겼던 인디언들의 태도가 훨씬 더 인간적이다." 진정한 지능은 나와 다른 존재를 존중하고 섣불리 판단하지 않는 겸손함에서 비롯되는 것이 아닐까?

선과 악을 판단하는
우리의 시선

남의 둥지에 알을 낳는 얌체 뻐꾸기

많은 동물은 절도를
하나의 생존 전략으로 활용한다.

남의 둥지에 알을 낳는 얌체 뻐꾸기

우리는 흔히 새들을 순진하고 낭만적인 존재로
여긴다. 화려한 깃털을 자랑하며 다정하게 사랑을
나누고, 아름다운 노래를 부르는 동물이라고
말이다. 하지만 1920년대 우체국 달력에나 나올
법한 '예쁜 꽃과 귀여운 새들'은 상상 속에만
존재한다.

현실은 가혹하고 복잡하다. 진화가 거듭될수록
삶은 더욱 치열해진다. 예컨대 달팽이는 극단적인
행동을 할 만큼 거칠거나 경쟁적으로 살지
않는다. 상추가 넉넉하고 정원사의 발에 밟히지만
않는다면 비교적 평온하게 살아갈 수 있다. 게다가
자웅동체여서 굳이 힘들게 짝짓기 경쟁을 하지
않아도 된다. 반면, 생명의 거대한 사슬 반대편에

있는 포유류는 몹시 거칠고 공격적으로 살아간다. 일부 육식동물이나 원숭이는 납치, 강간, 심지어 영아살해 같은 행동을 저지르기 한다. (안타깝게도 몇몇 인간도 이런 일을 벌인다.)

그렇다면 새들은 어떨까? 우리 눈에 새들의 어떤 모습이 '아름답고 옳은 것'으로 보이고, 어떤 모습이 '추하고 그른 것'으로 보일까? 우리의 잣대가 새들의 삶을 이해하는 데 과연 도움이 될까? 새들은 달팽이와도, 침팬지와도 다른 존재다. 하지만 새들의 몇몇 행동은 우리를 놀라게 한다. 특히 뻐꾸기의 번식 습성은 매우 부도덕해 보인다.

암컷 뻐꾸기는 스스로 둥지를 틀지 않고 다른 새의 둥지에 몰래 알을 낳는다(이를 '탁란'이라 한다). 이후 가장 먼저 부화한 새끼 뻐꾸기는 자신보다 두세 배나 작은 양부모 새들이 물어다주는 먹이를 독차지하기 위해 둥지에 있던 다른 알들을 밀어낸다(심지어 새끼들까지). 양부모

새들은 아무것도 모른 채 식욕이 왕성한 새끼
뻐꾸기에게 열심히 먹이를 물어다준다. 뻐꾸기의
이런 번식 습성을 인간의 시선으로 보면 가히
'패륜'이라 할 만하다. 알을 낳기만 하고 새끼를
한순간도 돌보지 않다니, 아동보호기관의 조사를
받아야 마땅하지 않은가!

하지만 뻐꾸기의 이런 습성은 오랜 진화의
결과이지, 다른 새의 삶을 '망치려는' 의도는
아니다. 동물의 세계에서 가장 중요한 목표는
가능한 한 많은 자손을 남기는 것이다. 그
과정에서 에너지도 아낀다면 더할 나위 없다.
이것이 바로 탁란의 이유다. 양부모 새들은 새끼의
크기나 종에 개의치 않고 끝까지 보살피는 본능이
있어 많은 새끼 뻐꾸기가 살아남을 수 있다. 또 한
둥지가 훼손되거나 포식자에게 공격당하더라도,
다른 둥지의 알들은 안전하게 보호될 수 있다. 말
그대로 '모든 알을 한 바구니에 담지 않는' 번식
전략으로 새끼의 생존 가능성은 높아진다.

뻐꾸기는 탁란을 통해 또 다른 이득도 얻는다. 대부분의 새들은 번식에 육체적으로 큰 부담을 지지만, 뻐꾸기는 많은 에너지를 들이지 않아도 된다.

인간의 관점에서 부도덕해 보이는 새는 또 있다. 앞서 한 아이가 놀이터에서 사탕 봉지를 들고 있다고 상상해보자. 그런데 갑자기 다른 아이가 달려와 봉지를 낚아채고는 재빨리 도망친다. 엄마는 화가 나서 소리를 지르고 아이는 울음을 터뜨린다. 다른 아이가 저지른 행동이 옳은지 그른지를 판단하기는 어렵지 않다.

새들의 세계에서도 이런 일이 벌어진다. '도둑갈매기'라는 새를 들어본 적이 있는가? 아마 낯선 이름일 것이다. 짙은 갈색의 커다랗고 위풍당당한 바닷새인데, 고고하고 우아한 겉모습과 달리 다른 새의 먹이를 빼앗으며 기생하듯 살아간다. 다른 새가 먹이를 잡기를 기다렸다가 막 물고기를 무는 순간, 급강하하여

순식간에 달려드는 식이다. 가장 큰 피해자는
'제비갈매기'다. 도둑갈매기는 끈질긴 추격 끝에
결국 제비갈매기를 굴복시키고 먹이를 가로챈다.
언뜻 두 새가 우아하게 비행하는 듯 보이지만,
실상은 한 새가 다른 새의 사냥감을 빼앗는 '절취
기생'의 순간이다. 인간의 기준으로 보면 이는
분명 비난받아 마땅한 행동이다. 도둑갈매기는 왜
이런 방식으로 살아갈까? 그 이유는 아직 명확히
밝혀지지 않았다. 뻐꾸기의 탁란과 비교했을 때
도둑갈매기의 절취 기생은 에너지가 꽤 소모된다.
이렇게 힘든 추격전을 감수하더라도 다른 새의
먹이를 빼앗는 편이 더 이득이 되기 때문이 아닐까
하고 추측할 뿐이다.

　인간 사회에서 절도는 범죄 행위지만(그런데도
흔히 일어난다), 많은 동물에게는 하나의 생존
전략이다. 그렇다면 피해자는 어떤 입장일까?
도둑갈매기에게 툭하면 먹이를 빼앗기는
제비갈매기는 의외로 도둑갈매기를 반긴다.

특히 번식기에 그렇다. 왜일까? 북극의 고위도 지역에 둥지를 트는 도둑갈매기는 사실 이 구역의 '경호원'이다. 북극여우가 알이나 새끼를 노리고 접근하면, 도둑갈매기가 재빨리 감지하고 달려들어 여우를 영역 밖으로 몰아낸다. 제비갈매기로서는 번식기처럼 육체적으로 취약한 시기에 도둑갈매기 둥지 근처에 자리를 잡는 게 큰 이득이 된다. 물고기 몇 마리 빼앗긴들 괜찮다. 그쯤은 치러야 할 대가라 할 수 있다.

우리의 잠재의식에 깊이 뿌리박힌 '선'과 '악'의 개념을 우리는 자명한 진리로 여긴다. 그러나 도덕의 기준은 시대와 사회에 따라 끊임없이 변화했다. 오늘날 우리가 '선'이라 믿는 일이 과거에는 그렇지 않았을 수 있고, 한 사회에서 '악'으로 여겨지는 일이 다른 사회에서는 아무런 문제가 되지 않을 수 있다(물론 기본적 윤리에 어긋나는 행동은 시대와 사회를 막론하고 금기시된다). 인간은 동물과 달리 스스로 만든 도덕적 기준으로 모든 행동을 판단한다. 하지만 그 기준은 언제든 바뀔 수 있다.

자연의 법칙은 인간이 만든 선악의 기준으로 판단할 수 없다. 새들은 우리가 믿는 '선'과 '악'의 개념을 되돌아보게 하는 존재인지도 모른다. 나치 점령 시절, 유대인을 숨겨준 사람은 법적으로 범죄자였으며 당시 사회에서는 '나쁜 일'을 한 사람으로 간주됐다. 그러나 그것은 분명 옳은 일이었다. 그러므로 우리 역시 이따금 되새겨볼 필요가 있다. 선과 악의 개념은 본래부터 존재한 자연의 법칙이나 불변의 진리가 아니라, 개인과 사회가 만들어낸 산물이기에 시대와 상황에 따라 변할 수 있다는 사실을 말이다.

실체 없는 두려움에 흔들릴 때

자기 그림자에 놀라 도망치는 방울새

새는 두려움을 느끼는 순간
본능적으로 날아오른다.

자기 그림자에 놀라 도망치는 방울새

방울새 한 마리가 잔디밭에서 모이를 쪼고 있다.
그때 갑자기 그림자 하나가 드리운다. 고양이일까?
놀란 방울새는 급히 날아오르다가 당황한
나머지 앞에 있는 커다란 유리창을 보지 못해
그대로 부딪힌다. 결국 목이 부러져 그 자리에서
갑작스러운 죽음을 맞는다. 이 모든 일은 그림자
때문이었다. 하지만 그림자의 주인공이 정말
고양이인지는 알 수 없다. 이처럼 두려움은 때때로
어이없는 선택을 하게 만든다.

우리는 새들과 얼마나 다를까? 캄캄한 밤 홀로
집에 있을 때, 어디선가 들려오는 삐걱거리는
소리, 덧문이 쾅 닫히는 소리, 보일러에서 새어
나오는 기괴한 소리, 바람에 사각거리는 나뭇잎

소리에 한 번도 놀라지 않은 사람이 있을까?
집에 도둑이나 괴한이 들이닥칠지도 모른다는
터무니없는 상상을 해본 적이 있지 않은가? 침대
밑에 괴물이 있다고 믿었던 어린아이는 여전히
우리 안에 살고 있다. 우리는 얼마나 많은 밤을
두려움을 품은 채 지새웠던가?

두려움은 인류의 가장 오래된 감정 중 하나다.
사람이나 새나 두려움을 마주할 때 보이는 반응은
매우 비슷하다. 심장이 빠르게 띄고, 온몸이
뻣뻣해지며, 당황하거나 몸을 떨고, 때로는 비명을
지르기도 한다. 어떤 경우에는 공포에 질려 몸이
완전히 굳어버리기도 한다. 또한 겁에 질린 새가
종종 배설을 하듯, 인간도 극심한 두려움을 느끼면
신체 통제력을 잃는다.

두려움은 쉽게 전염되는 감정이다. 누군가 겁에
질리면 순식간에 집단 전체가 공포에 휩싸인다.
실질적인 위험이 없어도 집단이 두려움에
사로잡히면 큰 재앙이 벌어질 수 있다. 방울새가

실체 없는 두려움 때문에 유리창에 부딪혀 죽었듯, '두려움' 자체가 진정한 위험이 된다.

주로 낮에 활동하는 새들도 우리처럼 밤을 두려워할까? 이에 대해서는 명확히 밝혀진 바가 없다. 다만 새들은 밤이 되면 안전한 장소에 몸을 숨기고 잠을 청한다. 반면 인간은 자연의 섭리를 거스르며 인공적인 빛을 만들어 밤에도 활동을 이어간다. 하지만 인간의 눈은 어둠 속에서 아무것도 볼 수 없다. 그래서 한밤중 불빛 하나 없는 캄캄한 자연에 홀로 있게 되면, 새들보다 더 큰 두려움을 느낀다.

새들도 우리처럼 다양한 형태의 두려움을 느낀다. 인간이 '폐소 공포증'을 갖듯, 새들도 좁고 막힌 공간에 갇히면 견디기 힘들어한다. 또한 사회성이 발달한 일부 종은 혼자 있을 때 극심히 외로워하며, 무리에 속할 때에야 비로소 안정을 찾는다. 이처럼 새와 인간은 단순히 두려움을 느낀다는 점을 넘어, 여러 면에서 무척 닮아 있다.

두려움은 왜 생기는 걸까? 사실 대부분의 생명체는 두려움을 느끼도록 '프로그래밍'되어 있다. 두려움이라는 감정은 위험을 미리 감지하는 일종의 보호 장치로서 생존에 도움이 된다. 인류는 두려움 덕분에 위험을 피할 수 있었고, 방울새처럼 '겁이 많았기에' 살아남을 수 있었다.

인간이 느끼는 다양한 두려움은 가장 원초적인 공포, 즉 죽음에 대한 공포에서 비롯된다. 새들도 마찬가지다. 언제든 죽을 수 있다는 사실을 본능적으로 알기에 늘 긴장을 늦추지 않고 포식자의 위협을 경계한다. 반면 인간은 더 이상 포식자를 두려워할 필요가 없다(물론 타인은 여전히 잠재적 위협이 될 수 있지만). 오늘날 호랑이나 북극곰을 마주칠 일은 거의 없기 때문이다. 그런데도 우리는 본능적으로 맹수를 두려워한다.

이런 두려움은 사고 같은 실제 위험과 관련되기는 하지만, 대부분 상상에서 비롯된다. 바람에 흔들리는 나뭇잎 소리에드 깜짝 놀라는

새처럼, 우리는 때로 닥치지도 않은 재앙을
떠올리며 사소한 일에도 지나치게 불안해한다.
시험에 떨어져도, 좋아하는 사람 앞에서 얼굴이
빨개져도, 칠흑 같은 어둠 속에서 밤을 보내도,
직장을 옮겨도, 심지어 인생에서 실패한다 해도
죽지는 않는다. 그런데도 우리는 왜 그토록 많은
것을 두려워할까?

인간은 고도로 발달한 뇌를 가졌음에도,
방울새처럼 실체 없는 두려움에 사로잡혀 어쩔
줄 몰라 한다. 두려움은 삶을 무너뜨리고 극심한
스트레스를 유발해 결국 건강까지 해친다. 지나친
불안은 불면증, 식욕 감소, 면역력 저하 등을
불러온다. 극도의 공포에 사로잡히면 심장이 약한
새나 인간은 심장마비를 일으킬 수도 있다.

그렇다면 '이로운 두려움'과 '해로운 두려움',
'정상적인 두려움'과 '비정상적인 두려움'을
어떻게 구분해야 할까?

새는 이로운 두려움과 해로운 두려움을

구분하지 못한다. 그러나 우리는 깊이 생각하고 한발 물러서서 상황을 바라볼 수 있다. 새는 두려움을 위험을 알리는 신호로 받아들이기 때문에 두려움을 느끼는 순간 논능적으로 날아오른다. 반면 인간은 대부분의 경우 비정상적인 불안을 스스로 통제할 수 있다. 다른 한편으로는 내면의 감정을 느끼는 동물적 본능을 잃어가고 있기도 하다. 때로는 두려움이 전하려는 메시지에 귀 기울일 필요가 있다. 두려움은 위험으로부터 우리를 보호해주는 신호이자, 삶을 지탱하는 데 반드시 필요한 감정이기 때문이다.

해로운 두려움은 우리를 앞으로 나아가지 못하게 한다. 주눅 들게 하고, 한 발짝도 움직이지 못하게 하며, 위험을 피해야 한다는 그럴듯한 변명 뒤에 숨게 만든다. 그리고 결국, 진심을 다해 살아갈 용기마저 꺾어버린다.

그런데 우리는 이로운 두려움, 즉 내면 깊은 곳에서 보내는 진짜 경고에 귀를 기울이지 않는다.

이를테면, 자신의 가치관과 어긋난다는 사실을
알면서도 보수가 높다는 이유로 어떤 일을 하거나,
자신에게 해로운 관계임을 알면서도 끊어내지
못하거나, 판매원이 정직하지 않다는 느낌을
받으면서도 물건을 산다. 이렇게 내면의 작은
목소리를 외면한 채 잘못된 선택을 하고 만다.

이제부터라도 몸이 보내는 신호에 주의를
기울이고, 잃어버린 동물적 본능을 다시
일깨워보자. 이성적인 뇌는 때때로 우리를 속인다.
지나치게 계산적인 생각은 마음의 소리를 억눌러
들리지 않게 만든다. 그러나 자신의 감정에 더
가까이 다가가 그것을 억누르지 않고 온전히
마주할 수 있다면, 비로소 마음이 하는 말을
또렷하게 들을 수 있다.

다름을 특색으로 받아들이기

서식지에 따라 달라지는 되새의 억양

> 새들은 종마다 고유한
> 언어와 울음소리를 가지고 있고,
> 저마다 특별한 매력을 뿜낸다.

서식지에 따라 달라지는 되새의 억양

소리에 민감하고 음악을 좋아하는 사람이라면,
다양하고 풍부한 새소리에 감탄하지 않을 수 없을
것이다. 새들은 종마다 고유한 언어와 울음소리를
가지고 있고, 저마다 특별한 매력을 뽐낸다.

최근 발표된 한 연구에 따르면, 같은 종의
새라도 서식지에 따라 '억양'이 다르다. 특히
숲이나 공원, 도시의 정원 등에서 흔히 볼 수 있는
푸른머리되새나 솔잣새 같은 참새목 새들에서
이를 확인할 수 있다. 예컨대 푸른머리되새의
노랫소리는 스트라스부르, 파리, 아작시오 등
지역마다 미묘하게 다르다. 마르세유 되새는 파리
되새와 확연히 다른 방식으로 노래한다. 전체적인
멜로디는 비슷하지만, 어떤 지역의 되새는 노래

끝에 짧은 음을 덧붙이지 않는 반면, 어떤 지역의
되새는 끝부분에 섬세한 장식음을 더한다.
우리는 이러한 차이를 '사투리'에 비유한다.
하지만 새들이 '사투리'를 쓰는 이유에 대해서는
명확하게 밝혀진 바가 없다. 다만 같은 서식지에
사는 개체들이 서로를 알아보기 위해서가 아닐까
추측할 뿐이다. 실제로 타지 억양을 가진 되새를
막는 효과도 있는 듯하다. 다른 지역으로 이주한
되새는 무리에 섞이기 위해 그 지역 '억양'을
배운다. 우리처럼 말이다.

거리에서, 카페에서, 혹은 기차 안에서 우리는
'타지 사람'의 억양을 금세 알아차린다. 어떤
억양은 유쾌하고 매력적으로 들리고, 어떤
억양은 익살스럽게 들려 웃음을 자아낸다. 또
어떤 억양은 묘하게 귀에 거슬리기도 한다. 이런
반응은 그저 취향 문제가 아니다. 특정 억양을
들을 때 우리가 느끼는 감정에는 집단적 상상과
사회적 고정관념이 깊이 자리하고 있다. 예를

들어, 프랑스인들은 먼 '사촌' 같은 퀘벡 사람들의 억양에는 친근감과 호감을 느낀다. 하지만 인접 지역의 억양은 다소 거슬려 한다. 억양은 쉽게 뗄 수 없는 꼬리표와 같다. 누구도 그 영향에서 완전히 자유로울 수 없다. 우리가 자란 환경은 아주 어린 시절부터 우리 안에 깊이 각인되기 때문이다. 그래서 고향을 자랑스럽게 여기는 사람들은 자신의 억양을 자연스럽게 드러내지만, 출신을 감추고 싶어 하는 사람들은 이를 애써 숨기려 한다. 흥미롭게도 많은 이가 자신에게는 특별한 억양이 없다고 믿는다. 그러나 사실 모두들 저마다 특정 억양을 가지고 있고, 타인의 귀에는 이것이 분명하게 들린다. 새들이 그렇듯, 우리도 다른 지역으로 이주하면 그 지역의 억양을 자연스럽게 따라 하거나, 점차 본래의 억양을 잃고 보다 '특색 없는' 억양을 갖게 된다.

되새는 자신과 조금이라도 다른 억양으로 노래하는 새를 침입자로 여기고 내쫓는다. 우리

역시 낯선 억양으로 말하는 이를 보면 은연중에
경계심을 품기도 한다. 상대가 드러내지 않은 많은
정보를 단지 억양으로 판단하고 이에 더해 배타적
태도를 취할 때도 있다. 반면 익숙한 억양을 쓰는
상대에게는 단지 '동향'이라는 이유만으로 무척
우호적이 된다. 과연 되새도 그럴까? 낯선 곳에서
같은 억양을 들으면 '우리 지역 출신이군!' 하고
반가워할까? 인간이 과연 되새보다 더 진화한
존재인지 의문이 든다.

나답고 자연스러운 리듬으로
맺는 관계

남극의 젠투펭귄은 짝짓기 철이 되면
조약돌을 선물하는 독특한 구애 행동을 한다.

열정적 사랑을 하는 오리 vs. 이성적 사랑을 하는 펭귄

'짐승 같은 사랑'이라는 말이 있다. 다소 거칠게 들리는 이 말의 근거는 무엇일까? 이 말에는 동물은 사랑의 감정을 나누는 게 아니라, 오직 본능에 따른 행위를 하는 것이라는 전제가 깔려 있다. 우리는 새들의 짝짓기도 당연히 거칠고 본능적일 것이라 생각한다. 하긴 청둥오리가 짝짓기 하는 모습을 보면 그런 생각이 들 법도 하다.

한겨울 짝짓기 철이 되면 화려한 혼인색 깃털을 두른 수컷 청둥오리들이 암컷 주위를 분주하게 맴돈다. 그런데 청둥오리 무리에는 대체로 수컷이 암컷보다 많다. 그래서 두세 마리, 많게는 여섯 마리의 수컷이 한 암컷에게 동시에 구애하는

모습을 볼 수 있다. 암컷이 수컷들의 거친 구애에
놀라 도망치기도 하지만, 소용없다. 수컷들은 곧
암컷을 붙잡고, 한 마리가 암컷 위에 올라타면
그 위로 다른 수컷이, 또 그 위로 세 번째 수컷이
올라탄다. 암컷은 난폭한 수컷들에 눌려 몸을
제대로 가누지 못하고 익사하기도 한다.

그렇다고 새의 구애가 다 이렇게 거친 것은
아니다. 정반대인 경우가 더 많다. 암컷의 마음을
얻기 위해 만돌린을 연주하는 수컷은 아직
발견되지 않았지만, 그와 비슷하게 구애하는
새들은 있다. 날렵한 날개, 두 갈래로 갈라진
긴 꼬리, 날쌔게 나는 모습이 제비를 닮은
제비갈매기를 살펴보자. 수컷 제비갈매기는
무턱대고 암컷에게 달려들지 않는다. 인내심을
가지고 암컷이 마음을 열기를 차분하게 기다린다.
물론 구애에 선물이 빠질 수 없다. 수컷은 암컷이
건강하게 알을 낳을 수 있도록 작은 물고기를
물어와, 자신이 둥지를 튼 자리에서 암컷에게

선물로 건넨다(아마도 자신이 훌륭한 사냥꾼이며,
장차 태어날 새끼들에게 먹이를 잘 구해다 줄 수 있다는
것을 보여주기 위함일 것이다). 수컷은 이렇게 정성
어린 선물로 암컷의 마음을 얻은 뒤에야 비로소
조심스럽고 다정하게 짝짓기를 시작한다. 이런
과정을 거치며 둘의 유대는 깊어지고, 부부처럼
함께 새끼를 돌보며 새끼가 독립할 때까지 정성껏
키운다.

젠투펭귄 역시 열정을 자제할 줄 안다. 수컷은
짝짓기 철이 되면 암컷에게 조약돌을 선물한다.
암컷이 알을 낳을 자리와 바닷가 사이를
뒤뚱거리는 걸음걸이로 수없이 오가며 조약돌을
하나씩 물어다 암컷 발치에 내려놓는다. 조약돌이
충분히 모이면 수컷은 암컷이 낳은 두 개의 알
주변에 조약돌을 둥글게 배치해 작은 울타리를
만든다. 그런데 암컷은 어차피 맨땅에 알을 낳기
때문에, 수컷의 이런 행동이 실질적으로 별 도움이
되지는 않는다. 그런데도 암컷은 수컷이 물어다 준

조약돌을 무척 소중히 여기고, 게으른 이웃 수컷이
조약돌을 슬쩍 훔쳐가려 하면 악착같이 지켜낸다.
　새들 중에도 특별히 더 이성적이거나 사려 깊은
종이 있을까? 그런데 이런 질문은 순위 매기기
좋아하는 인간의 강박을 드러낼 뿐, 주제와는
아무런 상관이 없다. 우리가 알 수 있는 사실은
새들 가운데서도 '이성적이고 차분한' 종들, 즉
시간을 두고 천천히 짝짓기를 하는 종들이 훨씬
더 안정적으로 번식한다는 점이다. 제비갈매기나
젠투펭귄은 청둥오리가 취하는 성적 기회주의를
포기하고, 암컷과 함께 알을 품고 새끼를 돌보기
때문에 번식 성공률이 매우 높다. '이성적인'
관계가 '열정적이고 즉흥적인' 관계보다 새끼를 더
잘 양육한다는 점에서는 인간도 크게 다르지 않다.
우리는 여기에 '도덕적 잣대'를 들이대겠지만,
새들은 그저 종의 존속과 번식을 위한 전략을
실행하는 것뿐이다.

겉으로 드러나는
아름다움의 이면

유럽꾀꼬리와 검은머리방울새의 화려한 깃털

새에게 화려한 깃털은 단순한 장식이 아니라
생존에 꼭 필요한 도구다.

유럽꾀꼬리와 검은머리방울새의 화려한 깃털

우리의 눈을 즐겁게 하는 화려한 나비나 열대어,
새를 보고 있노라면 절로 감탄이 나온다. 새들의
겉모습은 참으로 매혹적이다. 하늘을 나는 우아한
자태, 다채로운 무늬의 깃털, 실루엣을 한층
돋보이게 하는 장식깃과 가늘고 긴 털, 한없이
화려하고 미묘한 빛깔까지, 어디 하나 아름답지
않은 게 없다. 이처럼 아름다운 외모를 자랑하는
새들은 심지어 노래까지 잘한다. 물론 모든 새가
그런 것은 아니지만 말이다.

새에게 화려한 깃털은 단순한 장식이 아니라
생존에 꼭 필요한 도구다. 다른 개체와 소통하는
수단이자, 구애의 순간에 암컷의 마음을 사로잡는
강력한 무기이다. 외모를 한층 돋보이게 한다는 점

역시 빼놓을 수 없다.

　인간 사회에서 '아름다움' 하면 흔히 여성을 떠올린다. 하지만 새들의 세계에서 이는 화려한 깃털을 가진 수컷에 해당된다. 암컷은 깃털이 대체로 수수하다. 알을 품고 새끼를 돌보는 막중한 임무를 맡은 만큼, 포식자의 눈에 띄지 않아야 하기 때문이다. 그야말로 생존이 걸린 문제다. 반면 수컷의 화려한 깃털은 봄철이 되면 오히려 포식자의 눈에 잘 띄어 사냥감이 되기 쉽다. 그렇다고 그런 깃털이 언제나 불리한 것만은 아니다. 선명한 색 덕분에 완벽하게 위장할 수도 있다.

　예컨대 유럽꾀꼬리는 밝은 노란색과 검은색 깃털을 가졌는데, 하늘을 날 때면 그 강렬한 색 때문에 멀리서도 눈에 띈다. 하지만 숲속 나뭇가지에 앉으면 얘기가 달라진다. 검은색과 노란색 깃털이 무성한 잎이 빛을 받아 빚어내는 명암과 비슷하기 때문이다.

수컷이 위험을 무릅쓰면서까지 화려한 깃털을
뽐내는 이유는 단 하나, 암컷의 선택을 받기
위해서다. 암컷은 대체로 깃털이 화려할수록
건강하고 생존력이 강하다고 판단해 그런 개체를
선택한다. 화려한 깃털을 과시하는 행동 자체를
우수한 유전자를 지녔다는 신호로 받아들이는
것이다.

흥미로운 사실은 부부가 함께 새끼를 기르거나
역할을 분담하는 새들일수록 수컷과 암컷의 깃털
색이 비슷하다는 점이다. 이처럼 겉모습만으로
암수를 구분하기 어려운 새들을 '성적 이형이
없다'고 하는데, 갈매기나 까마귀가 그런 경우다.

생식기를 가리고 살아가는 인간 역시 성적
이형이 겉으로 명확하게 드러나지 않는다.
그래서 우리는 머리 모양과 옷차림, 몸짓, 취향이
나뉜다고 하는 향수나 자동차 등 다양한 방식으로
인위적 차이를 만들어낸다. 남성과 여성을
구분해야 한다는 사회적 압박을 어기는 이들은

종종 거센 비난을 받기도 한다.

인간 사회에서도 아름다움은 상대를 유혹하는 강력한 무기다. 비록 그것이 일종의 속임수라 해도, 우리는 겉모습을 꾸며 자신을 더욱 매력적으로 보이려 애쓴다.

그리스 신화에서 레다에게 한눈에 반한 제우스는 백조로 변신해 순진한 그녀를 유혹한다. 유혹은 때론 진실을 가린다. 더구나 제우스는 단순히 외양을 꾸미는 데 그치지 않고, 아예 다른 존재로 변신했다.

실제 자연에서도 봄이 되면 전혀 다른 모습으로 변신하는 수컷 새들이 있다. 이들은 번식기에는 화려한 깃털로 아름다움을 자랑하지만, 짝짓기가 끝나면 언제 그랬냐는 듯 초라한 모습으로 돌아간다. 환상이 산산이 깨지는 순간이다. 연애 초기에 상대에게 잘 보이려 온갖 매력을 뽐내다가, 관계가 안정되면 외모 가꾸기에 소홀해지는 인간과 닮아 있다.

그런데 조금 더 깊이 들여다보면, 수컷의 화려한 깃털은 대개 자신의 결함을 감추기 위한 것임을 알 수 있다. 그 부족한 점이란 바로 노래 실력이다. 예외가 있기는 하지만, 깃털이 화려한 수컷일수록 노래 실력이 형편없는 경우가 많다. 반대로 노래 실력이 뛰어난 새들은 대체로 깃털이 수수하다. 몸 전체가 갈색인 나이팅게일, 검은 지빠귀, 크림색 바탕에 검은 점이 있는 노래지빠귀 등이 그렇다. 최고의 노래 실력을 자랑하는 새일수록 겉모습은 무척 소박하다. 진화는 새들에게 많은 선택지를 주지 않았다. 새들은 깃털이냐 노래냐, 둘 중 하나를 택해야 했나 싶다. 갈까마귀나 큰까마귀처럼 둘 다 가지지 못한 새들도 있다. 하지만 이들에게는 또 다른 무기가 있다. 바로 '지능'이다. 새나 인간이나, 모든 것을 다 가질 수는 없는 모양이다.

마지막으로 최근 발표된 흥미로운 연구 결과를 살펴보자. 되새과의 검은머리방울새

암컷은 노란색, 초록색, 검은색 깃털을 가진
수컷들 가운데 가장 선명하고 화려한 색을 지닌
수컷을 선택한다고 한다. 그런데 그 이유가 가장
아름다워서가 아니라 가장 똑똑하기 때문이란다.
깃털이 화려할수록 영리하다니, 대체 무슨 말일까?
　새들은 노란색, 빨간색, 주황색 같은 색소를
스스로 만들어낼 수 없어서 먹이를 통해 얻어야
한다. 따라서 먹이를 더 잘 찾아나는 수컷일수록
깃털 색이 더 화려해질 수밖에 없다. 암컷이
수컷의 깃털을 유심히 관찰하는 이유도 여기에
있다. 화려한 깃털은 새끼에게 충분한 먹이를
공급할 능력이 있다는 분명한 증거인 셈이다.
수컷의 '아름다운 깃털'은 단순한 장식이 아니라
생존 능력을 보여주는 지표이자, 암컷의 선택을
좌우하는 중요한 기준이 된다. 인간 사회에서도
외모를 잘 가꾼 사람이 표면적으로 더 많은
이성에게 관심을 받곤 한다. 유혹이란 넓게
보면 어느 정도의 지능을 발휘해 자신을 더

매력적으로 보이게 만드는 기술이라고 할 수 있다.
그 이면에 번식을 위한 본능적 선택 메커니즘이
작동하는지도 모른다. 다만 이에 대한 판단은 독자
여러분의 몫으로 남겨두겠다.

삶과 죽음을 배우는 법

지금 이 순간만을 사는 박새

지금 이 순간만을 사는 박새

●

"새들은 죽을 때가 되면 몸을 숨긴다"라는
말이 있다. 어느 정도는 맞는 말이다. 자동차나
유리창에 부딪혀 죽은 새가 아니라면, 제비가
죽는 모습을 본 적이 있는가? 길을 걷다 죽은
새의 사체를 자주 보는가? 그렇지 않을 것이다.
병들거나 쇠약해진 새는 포식자에게 잡히거나,
조용한 곳으로 숨어들어 죽음을 맞이한다.

새들은 오랫동안 투병하지도, 천천히
늙어가지도 않는다. 건강하지 못한 새가 있다면
자연은 곧 그 생명을 거두어간다. 잔인하다고
느껴지는가? 하지만 삶의 한계를 넘어 억지로
목숨을 연장시키려고 시한부 선고를 받거나
노쇠한 환자에게 며칠, 몇 주씩 고통을 더 겪게

하는 인간이야말로 잔인한 게 아닐까? 자연은 고통을 오래 지속시키지 않는다. 고통의 순간은 언제나 짧다. 육체나 정신이 서서히 쇠약해지는 모습을 자연에서는 찾아보기 어렵다. 새들은 자연의 이치에 따라 살아간다.

몽테뉴는 말했다. "철학을 한다는 것은, 곧 죽음을 배우는 것"이라고. 정확히 말하자면, 죽음을 준비하는 것이다. 과연 우리는 그럴 수 있을까? 모든 철학과 종교는 한목소리로 말한다. 자기 자신과 사랑하는 이들의 피할 수 없는 죽음을 받아들이는 가장 좋은 방법은 지금 이 순간을 충만하게 살아가는 것이라고. 따뜻한 한 줄기의 햇살, 달콤한 과즙이 흐르는 복숭아, 누군가가 보내는 뜻밖의 미소, 정원에 날아와 모이를 쪼는 염주비둘기, 나뭇가지에서 재주를 부리는 박새…. 삶이 우리에게 주는 것을 알아보고 만끽하는 것, 이것이 바로 충만한 삶을 살아가는 방법이다.

자그마한 박새는 죽음을 미리 걱정하지 않는다.

그저 지금 이 순간을 즐긴다. 씨앗 하나를 맛볼 때마다, 햇살이 비칠 때마다, 순간순간을 온몸으로 받아들인다. 이미 삶의 진리를 실천하고 있다. 자신의 삶 속에 충만히 존재하는 박새에게 철학 따위는 필요치 않다. 그렇다면 새들이야말로 진정한 현자가 아닐까?

박새는 앞날을 염려하지 않는다. 미래를 계획하지도 않고, 오늘 할 일을 내일로 미루지도 않는다. '앞으로 더 나아질 것'이라는 막연한 기대도 품지 않는다. 그저 지금을 살아갈 뿐이다.

우리는 매일 입버릇처럼 말한다. '앞으로'는 삶이 더 나아질 거라고. 인연을 만나면, 이혼을 하면, 휴가를 가면, 퇴직을 하면, 직장을 옮기면, 월급이 오르면, 그때가 되면 비로소 삶이 나아질 거라고. 그러나 그 '앞으로'는 종종, 아니 대개 너무 늦게 온다. 물론 사는 동안 꿈을 꾸어야 하고, 때로는 반드시 변화를 선택해야 한다. 그러나 삶은 결국 '지금, 여기'이다. 우리가 오늘 저녁까지 살아

있을 거라고 누가 장담할 수 있겠는가? 죽음이 우리에게, 혹은 우리가 사랑하는 이들에게 언제 어떻게 찾아올지 누가 알겠는가? 그러니 우리도 새들처럼 살아야 하지 않을까? 후회로 가득한 마음을 안고 죽지 않으려면, 지금 이 순간을 더욱 충만하게, 더욱 온전하게 살아야 하지 않을까?

새들은 죽음을 미리 걱정하지 않는다. 인간처럼 죽음을 탐구하며 불안해하지도 않는다. 그렇다고 자신의 유한함이나 연약함을 모르는 것은 아니다. 새들은 생존을 위해 최선을 다하고, 포식자의 위협에 결코 경계를 늦추지 않는다. 그러나 위험이 닥치지도 않았는데 미리 죽음을 떠올리며 불안해하지는 않는다. 그런다고 해서 달라지는 것은 아무것도 없기 때문이다.

삶과 죽음은 하나이며 어느 한쪽만 존재할 수는 없다. 이는 인간, 동물, 식물 등 모든 생명체에게 적용되는 불변의 법칙이다. 삶은 끊임없이 무언가를 잃고, 이별하고, 슬퍼하다가 다시 일어나

새롭게 태어나는 과정의 연속이다. 한 존재
안에서도 작은 죽음과 재생이 끊임없이 이뤄진다.
게다가 생물학적으로 보면 완전한 소멸도 없다.
우리가 죽더라도 몸을 이루고 있던 원자들은
자연으로 돌아가 지렁이의 일부가 되거나 꽃으로
피어난다. 그리고 그 지렁이나 꽃은 언젠가 새의
먹이가 된다. 이처럼 생명은 끊임없이 순환한다.
동양 철학도 이러한 순환적 세계관에 기반하는데,
선형적 관점을 가진 이들은 이 사실을 종종
잊는다.

자연과 새들은 끊임없이 순환하는 삶의 이치를
조용히 일깨워준다. 어쩌면 우리는 죽음을 배울
필요가 없는지도 모른다. 진정 배워야 할 것은
지금 이 순간을 충만하게 살아가는 법이다.

적응하거나 사라지거나

기후 변화와 서식지 파괴로 새들이 점차 자취를 감추고 있다. 그렇다면 우리 인간은 어떨까? 직접 자신의 손으로 만들어낸 이 위험한 변화에서 과연 살아남을 수 있을까?

종은 환경에 어떻게 적응해갈까? 인간은 뛰어난 지능이나 신의 개입으로 절대 멸종하지 않을 거라 자신한다. 하지만 모든 생명체의 출현과 소멸은 진화의 메커니즘에 따를 뿐이다.

찰스 다윈 Charles Darwin은 최초로 이 위대한 진화의 메커니즘을 밝혀냈다. 다윈에 따르면, 지구상에 생명체가 등장한 이래 수백만 종의 생물이 태어나고 소멸했으며, 하나의 종이 다른 종으로, 그 종이 또 다른 종으로 변해왔다. 진화는 매우 오랜 시간에 걸쳐 이뤄진다. 과거로 거슬러 올라가면 그 장대한 시간을 실감할 수 있다. 예컨대 조류는 단 며칠 만에 생겨난 생물이 아니다. 약 1억 5천만 년 전 세상에 처음 모습을 드러낸 새들은 수각류(이족보행 육식 공룡)에서 진화한 것으로 알려져 있다. 오늘날 새는 멸종된 공룡의 유일한 후손으로 여겨진다.

수각류 공룡인 벨로키랍토르에서 시조새(아르카이옵테릭스)를 거쳐 오늘날의 방울새에 이르기까지는 수백만 년이 걸렸다. 화려한 깃털도, 오랫동안 날 수 있는 능력도, 아름다운 노랫소리도 결코 한순간에 생겨난 것이 아니다. 진화의 역사를 살펴보면, 종의 다양성이

폭발적으로 증가하는 시기와 대멸종의 시기가
끊임없이 반복되었다. 그 과정에서 어떤 종은 여러
새로운 종으로 분화되었고, 어떤 종은 흔적도 없이
사라졌다. '진화'라는 거대한 실험이 수만 번의
시행착오를 거듭한 끝에, 조류와 포유류 그리고
오늘날의 모든 생명체가 생겨난 것이다.

　인간도 마찬가지다. 인류의 조상은 유인원에서
갈라져 나와 호모Homo 속으로 이어진 계통이며,
현생 인류 즉 호모 사피엔스가 그중 가장 나중에
나타난 종이다(적어도 지금까지는 그렇다). 호모
사피엔스는 다른 생명체와 마찬가지로 환경에
적응하며 서서히 진화해왔다. 뛰어난 두뇌 덕분에
삶의 질과 건강 그리고 기대 수명이 향상됐고,
시간이 흐르면서 함께 살아가는 일부 생명체와
이러한 혜택을 나누었다. 그 결과 개, 고양이, 말과
같은 가축이 탄생했다. 그러나 대부분의 생명체는
여전히 진화라는 거대한 메커니즘 속에서
살아가고 있다.

가능한 모든 세계 중 최선의 세계에서 모든 것이 순조롭게 흘러가고 있었다. 인간이 가속 페달을 밟기 전까지는 말이다. 인간은 지구를 통제하고 지배하며 생태계에 막대한 혼란을 불러왔고, 수십 년 전부터는 지구의 기후마저 변화시키고 있다. 그에 따라 진화가 이루어지는 데 필요한 긴 시간마저도 뒤틀리고 있다.

오늘날 우리는 즉각적인 결과만을 추구한다. 더 빨리 움직이고, 더 많이 생산하며, 더 크게 건설하고, 더 빠르게 반응하려 한다. 그리고 무엇보다 끊임없이 변화하려 한다. 하지만 자연의 생명체들은 이러한 급격한 변화를 따라갈 수 없다.

인간의 활동으로 수많은 생물 종이 (가능한 한 빠르게) 적응하거나 사라져갔다. 과학자들이 여섯 번째 대멸종을 예측하는 것도 무리가 아니다. 그들은 대멸종이 일어나면 생물다양성이 심각하게 훼손되고, 궁극적으로는 생태계 전체가 극도로 취약해질 것이라고 경고한다.

　대멸종은 과거에도 일어난 적이 있다고
반박하는 이들도 있을 것이다. 실제로 지금까지
다섯 번의 대멸종이 있었다. 그러나 이는 모두
인간이 지구에 등장하기 훨씬 전의 일이었다.
그리고 대멸종 이후에는 매번 생명의 역사가 새로
시작되었다. 만약 여섯 번째 대멸종이 현실이
된다면, 상황은 이전과 전혀 다르게 펼쳐질
것이다. 대멸종이 인간의 활동에서 비롯된 것이기
때문이다. 과거에 일어난 대멸종은 오랜 시간에
걸쳐 서서히 진행되었는데도, 생물다양성이
회복되는 데 그보다 더 오랜 시간이 걸렸다.
지금의 상황이 멸종으로 이어진다면, 그 속도가
너무 빨라서 전과 같은 회복 속도는 기대할 수
없을 것이다.

　그러니 이제라도 눈을 크게 뜨고 귀를 기울이자.
우리 주변을 날아다니며 노래하는 새들에
조금이라도 관심이 있는 사람이라면, 종달새와
제비를 비롯한 수많은 새가 불과 몇 십 년 사이에

눈에 띄게 줄어들었다는 사실을 알아차릴 수 있을 것이다(진화의 관점에서 보면, 몇 십 년은 그야말로 찰나에 불과하다). 물론 변화하는 환경에 빠르게 적응해 살아남은 종도 있다. 그러나 대부분은 끊임없이 변화하는 생태계에 적응하지 못하고 있고, 변화 속도를 따라가지 못해 결국 사라지고 말았다. 지구상에 존재하는 약 1간 종의 조류 가운데 25퍼센트가 21세기 말 이전에 멸종할 수도 있다는 예측은 점점 현실로 다가오고 있다. 수만 종에 달하는 동식물이 멸종 위기에 놓여 있다.

그중에서도 특정 환경에서 서식하는 종 또는 지리적으로 고립된 생태계에 서식하는 종은 환경 변화에 취약해 지구상에서 가장 먼저 사라질 가능성이 크다. 그렇다면 인간은 이를 피해갈 수 있을까? 지금까지 살아남은 적응력 강한 생물들도 언젠가는 멸종의 소용돌이에 휩쓸릴 수 있다. 그리고 그 맨 앞줄에 우리 인간이 서게 될지도 모른다. 스스로 밟은 가속 페달을 멈추지 못해

초래한 재앙의 마지막 희생자로서 말이다.

이것이 진정 우리가 바라는 미래일까? 생명체가 살아가기 어려운 척박한 환경, 새 한 마리 없는 하늘 그리고 인간이 어떻게 제비를 사라지게 했는지 후손들에게 설명해야 하는 세상, 정말 그런 세상을 원하는가? 지금처럼 손을 놓고 있다면, 우리의 날개 또한 꺾이고 말 것이다. 인간이 다른 종보다 우월하다는 믿음, 자연을 마음대로 통제할 수 있다는 자만으로 끝없는 욕망을 잠시 만족시킬 수 있을지는 몰라도, 이는 허황된 착각에 불과하다.

우리는 지금 갈림길에 서 있다. 우리 운명은 우리 손에 달렸다. 그 손에는 심장이 팔딱대는 작은 방울새 한 마리가 있다. 새는 손아귀에서 벗어나 자유롭게 날고 싶어 안간힘을 쓴다. 이제 선택해야 한다. 손을 펴서 새를 날려보낼 것인지, 아니면 더 꽉 쥐고 도망가지 못하게 할 것인지.

우리가 기억해야 할 마지막 교훈은 아주

단순하다. 진심으로 새들을 지키기로 결심하는
그날, 비로소 우리 자신을 지킬 수 있을 것이다.

단순하다. 진심으로 새들을 지키기로 결심하는
그날, 비로소 우리 자신을 지킬 수 있을 것이다.

사진 출처

p.10 오리 ⓒ Bartol666/ Wikimedia Commons

p.15 멧비둘기 ⓒ DogilRobot / Wikimedia Commons

p.24 닭 ⓒ Vinoth offl / Wikimedia Commons

p.31 (상) 큰뒷부리도요 ⓒ Charles J. Sharp / Wikimedia Commons

p.31 (하) 뻐꾸기 ⓒ Pierre-Marie Epiney / Wikimedia Commons

p.40 (상) 뻐꾸기 ⓒ Per Harald Olsen / Wikimedia Commons

p.40 (하) 거위 ⓒ Shadowmeld Photography / Wikimedia Commons

p.49 꼬까울새 ⓒ Charles J. Sharp / Wikimedia Commons

p.57 멧비둘기 ⓒ Tisha Mukherjee / Wikimedia Commons

p.67 닭 ⓒ Daniel Schwen / Wikimedia Commons

p.74 극락조 ⓒ Prasan Shrestha / Wikimedia Commons

p.86 카나리아 ⓒ Juan Emilio / Wikimedia Commons

p.93 바위종다리 ⓒ Holger Uwe Schmitt / Wikimedia Commons

p.102 꼬까울새 ⓒ Francis C. Franklin / Wikimedia Commons

p.109 북극제비갈매기 ⓒ Charles J. Sharp / Wikimedia Commons

p.117	**독수리**	ⓒ Böhringer Friedrich / Wikimedia Commons
p.124	**찌르레기**	ⓒ Airwolfhound / Wikimedia Commons
p.131	**까마귀**	ⓒ JJ Harrison / Wikimedia Commons
p141	**뻐꾸기**	ⓒ Imran Shah / Wikimedia Commons
p.149	**방울새**	ⓒ Eugene Stolyarov / Wikimedia Commons
p.157	**되새**	ⓒ MichaelMaggs / Wikimedia Commons
p.162 (상)	**청둥오리**	ⓒ PierreSelim / Wikimedia Commons
p.162 (하)	**젠투펭귄**	ⓒ Salimfadhley / Wikimedia Commons
p.167	**검은머리방울새**	ⓒ Charles J. Sharp / Wikimedia Commons
p.175	**박새**	ⓒ Charles J. Sharp / Wikimedia Commons

· 이미지 판매 사이트에서 구매한 이미지, 저작권이 없는 이미지 등은 출처를
 표기하지 않았습니다. 일부 저작권자가 불분명한 도판이나 연락을 취했으나
 답변을 받지 못한 경우, 저작권자가 확인되거나 답변이 오는 대로 별도의 허락을
 받도록 하겠습니다.

새들이 전하는 짧은 철학
삶의 무게를 덜어내는 방법

2026년 2월 2일 초판 1쇄 발행
2026년 2월 27일 2쇄 발행

지은이 필리프 J. 뒤부아, 엘리즈 루소
옮긴이 박효은

펴낸이 | 김은경
편집 | 권정희, 한혜인, 남궁은
교정교열 | 정재은
마케팅 | 김채린, 김수연
디자인 | 김지호, 오은채
경영지원 | 이연정
펴낸곳 | ㈜북스톤
주소 | 서울시 성동구 왕십리로6길 4-5 2층
대표전화 | 02-6463-7000
팩스 | 02-6499-1706
이메일 | info@book-stone.co.kr
출판등록 | 2015년 1월 2일 제 2018-000078호

ⓒ 필리프 J. 뒤부아, 엘리즈 루소
(저작권자와 맺은 특약에 따라 검인을 생략합니다)

ISBN | 979-11-7523-025-5 (03100)

북스톤은 세상에 오래 남는 책을 만들고자 합니다. 이에 동참을
원하는 독자 여러분의 아이디어와 원고를 기다리고 있습니다.
책으로 엮기를 원하는 기획이나 원고가 있으신 분은 연락처와 함께
이메일 info@book-stone.co.kr로 보내주세요. 돌에 새기듯, 오래
남는 지혜를 전하는 데 힘쓰겠습니다.